支架式教学

培养学生独立学习能力

[美] 特里·汤普森（Terry Thompson） 著

王牧华 陈克磊 李柯洁 任 巧 译

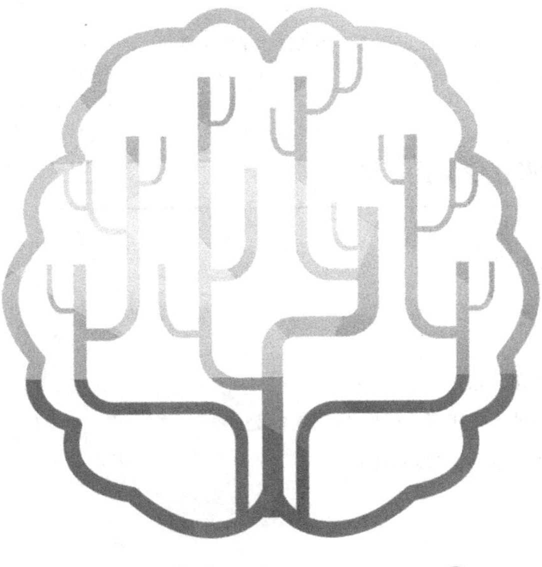

The Construction Zone

Building Scaffolds for Readers and Writers

西南師範大學出版社

国家一级出版社 全国百佳图书出版单位

图书在版编目（CIP）数据

支架式教学：培养学生独立学习能力 /（美）特里·汤普森 (Terry Thompson) 著；王牧华等译 . -- 重庆：西南师范大学出版社，2018.12

书名原文：The Construction Zone：Building Scaffolds for Readers and Writers

ISBN 978-7-5621-9377-7

Ⅰ. ①支… Ⅱ. ①特… ②王… Ⅲ. ①教学研究

Ⅳ. ① G420

中国版本图书馆 CIP 数据核字（2018）第 287063 号

支架式教学：培养学生独立学习能力

著　　者：[美] 特里·汤普森 (Terry Thompson)

译　　者：王牧华　陈克磊　李柯洁　任　巧

责任编辑：郑先俐

封面设计：尹　恒

排　　版：重庆大雅数码印刷有限公司·张　祥

出版发行：西南师范大学出版社　地址：重庆市北碚区天生路 1 号

邮编：400715　市场营销部电话：023-68868624

经　　销：新华书店

印　　刷：重庆新生代彩印技术有限公司

幅面尺寸：170mm × 230mm　　**印　　张**：14.25　　**字　　数**：197 千字

版　　次：2019 年 9 月第 1 版　　**印　　次**：2019 年 9 月第 1 次印刷

著作权合同登记号：版贸核渝字（2017）第 084 号

书　　号：ISBN 978-7-5621-9377-7

定　　价：48.00 元

序 言

早在20世纪70年代，有了安全气囊和升级版的汽车安全指南的呵护，大孩子也有机会坐在车辆的前排座位上。作为长子，我得以有机会坐在我的蓝色高脚椅上，与妈妈并肩齐头一路前行。母亲是我宇宙中的太阳，我想尽可能黏着她，离她近一点儿。她一边开车，一边讲述她在孟菲斯居住时的成长往事。我们跟着电台哼唱着诸如《让我伴着你》《小锡兵》之类的歌曲。我和兄弟姐妹们叽叽喳喳说个不停，描绘着自己在幼儿园里上学的那些旧时光。彼时的我没有意识到，正是那些车上兜风的经历载着我踏上了阅读之旅。

我自己认读的第一个词是"停止"(stop)，我想大概别人也会有类似的经历。在"停止"之后我自己认读的第二个词是"让行"(yield)，然后是像"路"(Rd.)与"车道"(Ln.)之类的缩略词。我还学会了认读临近街区我们常走路线两侧的路标以及商业标识。接下来，杂货店里的那些标签我也会认读了。我和妈妈一起拜读理查德·斯凯瑞的《忙忙碌碌镇》，一起读苏斯博士①的作品，还曾经是迪克和简②二人的读者。一天夜里重读《走开，斯帕特》时，我将我所认识的一个词与书中的一个词联系了起来，由"停止"(stop)联想到了"斯帕特"(Spot)③。一旦我明白了词语可以干什么，阅读就成为一件爱不释手的事情。

在绵延不绝的建筑工地上，我坐在那间休息室里，等待当电工的妈妈下班。做作业时，我也会漫不经心地翻阅一下别人遗弃在那里的报纸，每次读

---

①译者注：美国著名儿童文学家。

②译者注：当时流行儿童读物中主人公的名字。

③译者注：原文为"Spot"，儿童读物中一只小狗的名字。

报都会找出自己认识的那些词语，还能学到一些新词。每逢周末，妈妈就会带上弟弟、妹妹和我去公共图书馆。当我们在儿童读物区游来荡去的时候，她自己也会去找一些书来读。正如作家杰斯·基廷所说的那样："当孩子们有一座图书馆可以去时，他们的世界就会大很多。"我在年纪尚幼时就明白了一件事，那就是，书籍几乎可以把我带往任何一个地方。

回顾往事，母亲告诉我："眼见得你们学会了识字，着实让人高兴。读起书来你们都是一副如饥似渴的样子。"我24岁的母亲真是一位伟大的阅读启蒙老师。以我作为教师的角色，我明白母亲为我的兄弟姐妹还有我，奠定了一个多么坚实的阅读基础。交谈、唱歌、逛图书馆与大声朗读，是阅读成功秘籍的基本组成部分。

母亲戏称我们为"天生的读书人"，但她的阅读却很吃力。她理解文字有困难，所以她必须依靠读一遍再复读一遍的方式才能读懂字里行间的意思。虽然兼具了聪明与勤奋，但令母亲感到颇为沮丧的一个事实是，阅读从来都没有成为她生命中很受用的一件事情。她最近告诉我："20岁时我就弄明白了一件事，是阅读上存在的问题束缚了我的手脚。我不想让这样的问题再发生在你们这些孩子身上。在成长的过程中，我对于学习障碍一无所知，只觉得自己是一个糟糕的读书人。"

审视我们的课堂，就会看到与我妈妈、我（以及其他许多人）相类似的孩子们——这些孩子身上有着千差万别的识字经历与各式各样的学习目的。无论是我们的学生很轻松就学会了读写，还是他们需要借助外力才能训练出较强的读写能力，老师们必须在学生以现在为起点的后续的读写能力发展过程中，给予他们支持，让他们取得尽其所能的进步。对于每位学生来说，以现有起点为基础的后续发展路径各不相同。与其他人相比，一些学生的发展道路要蜿蜒曲折得多。尽管我们在电影中见到过一些极富戏剧性的情节，但在现实中，那种一夜之间就使得教与学改头换面的顿悟是不会出现的。我们满足并津津乐道于那些小的瞬间——数周内都分不清字母“b”和“d”的学生最后终于开窍了，有一个学生在给别人回信时有了活学活用课本的痕迹，还有一个学生发现了“Spot”和“stop”之间的联系。

发现每个孩子的需求，并选择合适的时机为其提供恰当的教导，是极具挑战性的一件事情。学习行为有着其内在节拍，而且它并不总是与我们的课程计划步调一致的。有时候，我们认为根本没有谁在学习，我们担心没有让教育惠及每一个孩子，我们还担心自己在教孩子时没有相应的能力或心智力量。

如果我们认为教育改革家和教科书出版商所言属实的话，那对于教师来说，仅凭一己之力就把教学搞清楚是一件几乎不可能的事情。我们从非教育行业人士那里接收到这样的或显性或隐性的信息，就是离开了他们所提供的智慧的话，我们就不能评价我们的学生，就不能为学生确定学习目标，或者不能为他们提供有效的教学服务。不幸的是，许多业内同事以及管理者却相信了这样的说辞，组织教学时不去依赖好的教学法、观察孩子以及进行反思性实践，而寄希望于可照本宣科的教学脚本、考前备战、基于计算机的干预游戏，以及可下载的活页练习题等。

有可能发生的是，离开了教学脚本我们照样能够做个好老师。我们的学生需要有意义的、可以让他们的能力得到提升的识字体验。我们的学生需要与有着更多见识的他者建立关系，这个他者不仅要展示出对个体学生的关怀，并且要对学生身上具备的学习能力深信不疑。其实，这也是老师所需要的。我们也必须要有对我们自身产生意义的学习活动，我们也必须致力于职业生涯内的长期合作和专业发展。

当刚刚走上教学岗位的时候，我不知道怎样对我的学生施加影响。我缺乏经验，无法确定我的学生在想取得学习进展时所需要的那些东西。我能领会学习目标——在我的学生身上必须取得的学习成果，如读书报告、短文写作，以及年终测验等——但当他们的目标过于分散的时候，我就不知该如何为他们提供指导了。

我所需要的是特里·汤普森的《支架式教学：培养学生独立学习能力》。他有着多年的教学与辅导经验，还有着在遭遇现实教学难题挑战后历练出的充满智慧的建议。特里·汤普森给了我们所需要的力量和工具，让我们能够为学生的学习提供持续支持，并且能够为我们的课堂教学增添活力。我们与自己的学生一样，需要一个博学的他者为我们提供像搭建教学脚手架那样的支持，这个人不仅笃信我们的学习能力，而且相信我们能够茁壮成长。我们需要一个像特里·汤普森那样的人，一个相信我们依靠自身能力就可以使得教学面貌焕然一新的人。

特里·汤普森用简短易懂的述评作为我们旅程的起点，其中涵盖了皮亚杰、维果茨基、布鲁纳、皮尔森和加拉赫——这些人可能是自从我们大学毕业后就再也没有接触过的理论家——的那些具有开创性意义的学习理论。当忆及我们课堂上那些学生的时候，那些在教师教育项目中引入课堂的抽象思想观点，诸如社会建构主义、最近发展区、搭建教学脚手架、逐步让渡学习责任之类的抽象概念，都有着其实质性价值。现在我们还能记得那些学生的姓名和面孔——有了我们的支持，他们已经努力奔赴另一片学习的新天地。

特里·汤普森为教学脚手架搭建活动列举、拟定了几个自洽的必要条件——教学重点、弹性教学、教学反馈以及学习责任，他为老师们组织教学与进行教学评价提供了透镜——不仅扩展了而且深化了搭建教学脚手架以及逐步让渡学习责任模式的教育传统理念。特里·汤普森详述了一系列递进的教学步骤，通过有目的的课程规划、课堂教学与教学反思这样一个序列式流程为教师提供支持。这个流体模型维护了教师选择课程文本、设计评价体系以及确定符合学生学习需求与兴趣的个性化学习目标的专业自主权。

通过贴切的类比、学生实例、辅助性图表、内省式问题，以及立足于学习理论和最优化实践之上的坚实根基，特里·汤普森的《支架式教学：培养学生独立学习能力》是语言艺术教师在改进自己的课堂教学时可以依赖的理想的教学资源，这样就可以迎合每个学生的学习需求。无论你是一个新手教师或已经在课堂上工作了几十年，《支架式教学：培养学生独立学习能力》都可以成为极具价值的工具，帮助你调整教学活动，赋予学生强大的学习能力并培养他们的独立性。

20世纪五六十年代，当我妈妈还在一所公立学校上学的时候，她的老师不知道怎样帮助她克服身上出现的阅读困难的问题。作为一名教师，我也一直在努力帮助我的学生们。虽然不存在能使得教和学改头换面的魔法棒，但我相信，特里·汤普森的《支架式教学：培养学生独立学习能力》以及它将会引发的同事间的专业性对话，可以改善所有学生的学习状况，帮助老师们提升自己的专业能力。《支架式教学：培养学生独立学习能力》将为你提供你所需要的支持与建议，从而帮助学生过上一种独立的、有文化修养的生活。

所有学习活动的目的都是获得独立性。对于我们的学生来说，我们认为是这样的，我们也应当相信，对于我们自己来说也是如此。

——唐娜琳·米勒

致　谢

小猪注意到，虽然他的小心脏玲珑无比，却可以装得下山高水深般的感激之情。

——A.A.米尔恩，《小熊维尼》

如果你细心体验的话，创作一本书可能会成为一次与世隔绝的历程。它意味着大量独处的时间——只有电脑与你相伴，当然还有你的万千思绪。为了一句最完美的措辞或一个最恰切不过的词汇，你会在数小时的冥思苦想中迷失自己，直到你周围的世界变得虚无缥缈、无关紧要，你彻底地沉浸于自己的工作中。即使你不再弯腰驼背地俯身于电脑前，以近乎癫狂的姿态敲击键盘，写作的种种思绪仍然在依依不舍地拉扯你，占据你的思想，强求你的关注。在这些时刻，很容易忘记你并不是孤单一人。

但当你最后点击"发送"，重返现实世界的时候，你将会记起——自始至终——你的那些朋友、家人和同事都簇拥在你身边，支持你，鼓励你，并给予你他们的信任。当你开始整理盘踞在餐桌上好几个月的那些成堆的研究成果时，萦绕在心头的是深深的感激之情。你明白，正是因为有了他们的陪伴，你的工作才可以锦上添花。

我完全清楚，这本书中的每一个词句，从来都不是我一个人在书写。对那些难以计数的他人，我心中怀着深深的感激，在整个写作过程中，他们以各种方式加入我的创作中——无论是他们付出的劳动、他们与我的会话、他们的列席，还是他们给予我的鼓励。

• 为了这本书的出版，斯腾豪斯出版社那个让人感到不可思议的团队一直在幕后默默地努力工作。特别是我的编辑——菲利帕 • 斯特拉顿，当我在这个出版项目中选择一条风景至为优美的路线的时候，他在耐心地等待；在还没有给我做出任何承诺的时候，他就给予我坚定的支持；当承诺最终兑现的时候，他又帮我沿着正确的方向前进而不至于走弯路。

• 几位作家朋友也施以援手，自始至终提供有价值的反馈意见。他们是杰夫·安德森、艾米·巴克纳、黛比·迪勒、查尔斯·福尔肯、戴比·米勒、唐娜琳·米勒、马克·奥弗迈耶、彼得·约翰斯顿——尤其是在本书手稿的修订过程中，帕特·约翰逊和珍·艾伦二位朋友居功甚伟。

• 我很感激布伦达·鲍尔从未间断过的参与，也对她的网站所发挥的作用心存感激。网站为各地从事识字教学工作的老师做出了极有价值的贡献，也为像我这样的作者提供了一个分享新观念与拓展思维空间的平台。

• 得克萨斯州圣安东尼奥市文德克瑞斯特小学的师生员工和他们的家人，在本书撰写过程中一直与我为伴——他们以各种各样的方式为这本书的面世做出了自己的贡献，在此不再一一列举。一份特别的感谢要献给那里的孩子们，在我教给他们知识的同时，他们也投桃报李，让我受益良多；还要特别感谢那里的老师们，有了他们的授权我才可以把他们的经历分享给大家。我也非常感谢在我的教学领导班子中找到的能给予我支持的工作团队——珍妮佛·巴顿、约翰·美林、侯普·德·莱莫斯、克里斯特尔·查韦斯、布莱斯·伯克、丹妮丝·霍兰德——经常发生的事情是，他们中每一个人都给予我思想上的启迪，每一天都赐予我力量，帮助我成为一个更好的老师。

• 河松小学读写能力起始教学促进小组的老师们，甚至在这本书只是我个人构想的时候，就给予我支持。他们很乐意采取开放的眼光审视他们的教学实践（并邀请我参与这个进程），这奠定了我进行与教学救援有关的研究的基础，也为我在支架式教学的框架范围内探索如何维持学生的责任感提供了帮助。

•那些曾被评为最佳图书俱乐部的会员们——詹妮·克莱恩、斯蒂芬妮·格林、玫格·罗斯曼、丹妮丝·霍兰德、尼科莱·琼斯、霍莉·莱德维希、梅甘·马奎斯以及海伦·怀特——在整个过程中激励着我阅读书籍、思考问题,也给我带来了快乐;他们也给了我一个每月一次的、时间间隔近乎完美的、必要的从书写工作中退出从而获得休整的机会。

•在这段旅程中,还有这些朋友们的支持——安吉拉·福特,曾陪伴我共度最为困难的时刻,在我忘却一些事情时还能帮我回忆起所需事实;德怀特·普莱斯和布兰登·桑普森,当我在家里创作书稿时,与我共享那些曾给他们带去极大乐趣的图片;唐娜琳·米勒,与我一起重新定义了术语"写作前的构思";肯·麦克劳德,他那些睿智的话语总能引发我的共鸣;还有珍妮·魏德奈巴赫,在本书创作过程中我们成了挚友。

•当然,我的父母和继父母一如既往地用那些鼓励性话语给予我支持(妈妈经常打电话询问我书稿创作的进展情况),有时还会教训我(比如,爸爸会提醒我:"需要挂电话了,去接着写吧!")。

•此外,我亲爱的朋友,也是一位识字教学辅导教师,丹妮丝·霍兰德,从一开始就加入了我的行列。她献给孩子们的爱心,我们共同付出的努力,以及她那妙不可言的幽默感,都会让日常工作变成一件令人倍感愉悦的事情。而她对这本书的坚定支持和抑制不住的昂扬士气,在每天结束时,总能激励我在家中奋笔疾书,从而大大加快进度。

•最后,杰夫、佩斯利和卡尔经常在自己的日程安排表上挤出时间来陪在我的左右,我才得以顺利地创作。他们也总是提醒我——我也从未拒绝过——去散步,去游泳,去休息娱乐。与他们在一起享受生活真令人感到心满意足,那真的是一种无以言表的心灵体验。

在我的小心脏里,充溢着对他们所有人的感激之情。

目 录

第四部分 学习责任

引　言

搭建教学脚手架是为学生的学习活动提供支持的一种方式，它以我们的学习机制为依托，同时还要考虑教学重点、弹性教学、教学反馈、学习责任四个一般性条件。

第 1 章　搭建教学脚手架:它的内涵与意义

与这本书创作有关的一个最为有趣的情节就是，我在提及本书主题时会留神观察每个人的反应，通常情况下会出现这样的场景：

“搭建教学脚手架？”

“是呀。”

“噢。”

当这种情况发生时，我从来都不是很确定，人们在后续的短暂沉默中会思考些什么。但等他们恢复常态后，就会在彻底转换话题之前彬彬有礼地说一些诸如此类的话：“哦，真令人兴奋呀！”“期待着拜读你的大作呢！”不过，一些较为勇敢的人会大胆猜测，跟进的话就会是“你的意思是否就是……”，然后发表的就是对于搭建教学脚手架的个人观点。当他们发表观点的时候，对于搭建教学脚手架究竟是怎么一回事，每个人的想法听上去都不相同。

即便如此，当我们询问任何一位老师，他是否为学习活动搭建过教学脚手架的时候，大部分老师都会说他们做过。然而，假如我们深入探讨的话，我们对于搭建教学脚手架过程的认知就会在更为细节的地方产生分歧。有些人可能会一脸真诚地回答，他们原以为他们曾经做过。但现在等你再询问的时候，他们却又不敢那么言之凿凿了。看来，围绕着这个概念，如果非要让我们中间的大多数人澄清细节的话，事情就会像进入一个有着不同方向的迷宫那样，让人感到无所适从。

虽然我们中很多人把搭建教学脚手架理解为一种为学习活动提供支持的方式，但当我们尝试对它进行更深层次理解的时候，我们经常会紧绷面孔，紧闭双唇，陷入一片冥思苦想之中。毋庸置疑的是，我们确实知道它是什么，但要组织语言简明扼要地把它说出来，还真需要下一番功夫。可以想象的是，当我们连为它下个定义都感到很为难时，想要以它为话题进行专业性探讨该有多困难——更不用说我们在现实中有所行动了。尽管存有着这么多的复杂性，"搭建教学脚手架"仍然是一个经常出现的术语，它会无孔不入地潜入我们的集体意识之中。

很难把搭建教学脚手架解释清楚的部分原因是，这个概念在本质上是建立在隐喻的基础之上的——在培养学生学习独立性的过程中为他们提供支持的一种教育理念——而隐喻又为后续的各种解读预留下巨大空间。一方面，这种多元化解读对我们大有裨益的一个地方就是，它使得我们可以用各种不同的方式来对这个存在于头脑中的概念进行削足适履般的调整，以满足我们的需求和对该过程不断增加的认识。但这些好处也带来了相反的效果，那就是会使得我们在面对"搭建教学脚手架"这个概念时，即使再冥思苦想也难以找到明确的答案。

不过，话又说回来，针对什么是搭建教学脚手架的探讨，也许有意义的是，老师们可以拥有各自不同的想法。

有这样的观点作为思想基础，本书旨在了解"搭建教学脚手架"这个概念显而易见的复杂性，并从小处入手，对它进行深入的研究与探索。同时，我们将从一个特定视角来探讨这个具有多元属性的概念，在此特定视角中，支架式教学赋予教学模式这样一个特征，把学习过程中责任担当的水准从博学的他者（你！）身上转移到少闻的他者（你的学生）身上去。我们将从五个基本要素的通行定义入手，对这种教育理念进行详细的阐述：

1.起支持作用的“博学的他者”。

2.学习活动中的“初学者”。

3.学习者凭借一己之力不能取得的某些“教育成果”。

4.极具“建设性”的方式。

5.在初学者越来越接近（并最终取得）预期教育成果的时候，那些曾经发挥过“临时性”功效且逐渐稳步隐退的要素。

这些要素乍一看似乎很简单明了，但当你花上一点儿时间对它们进行较为深入思考的时候，你很快就会明白，要想把它们弄清楚还有那么一段距离。为了拥有更宽阔的视野，我们需要超越这个基本的描述框架，并要审视构成支架式教学基石的那些原则。

认识我们的学习机制：搭建教学脚手架的研究基础

我们的学习过程是异常复杂的个人经历。值得庆幸的是，我们在每个学年遇到的学生都有着与生俱来的学习能力和学习意愿。

让·皮亚杰：建构主义认知理论

瑞士心理学家让·皮亚杰告诉我们，和所有人相同，我们的学生天生就会接纳与吸收新的信息和经验，并整合到自身不断发生变化的认知结构中。他的学习理论认为，在没有他人帮助的情况下，一个学前班儿童自己就能发现并使用苹果平板电脑的相机功能。与此极为相像，儿童可以通过日益复杂的心智活动以及与环境的相互作用获得知识。换句话说，孩子们先是接纳新知识，然后通过一系列试错活动扩充自己原有的认知结构，继而通过保存有效知识并抛弃无效知识的方式来构建自己的理解，直至他们达到全新的认知水平。皮亚杰的理论也被称为建构主义，该理论提醒我们，无论我们是否施教于孩子，他们都处于主动、持续学习的状态之中。从本质上说，课堂上的学生并不是坐等我们施加影响的被动的教育对象，而是学习过程的积极参与者（默瑟和霍金森，2008；金斯伯格和奥珀，1988）。

但人也是社会性动物，与本能的学习内驱力同样强大的另一种人类需要是，确定并建立与他人的关系。我们需要以一种有意义的方式与他人互动——与那些帮助我们在自我进化过程中变得比以前更强大的人展开互动，与那些帮助我们在精神上、情感上和智力上获得成长的人互动。

这正是你之所以成为你自己的缘由。

列维·维果茨基:最近发展区

列维·维果茨基是与皮亚杰同时代的从事研究工作的苏联心理学家，他认为你是这些“他者”中的一员——这是一个微妙的学习过程的一个组成部分，还有成千上万的和你一样的他者。事实上，你就是维果茨基所称谓的“博学的他者”。

维果茨基的核心理论是，学习者能够通过与更有见识的人进行社会互动获得进步，从他们独自就能理解的一些知识，到那些超出他们个人理解范围的知识。这样，知识的建构是社会交往的结果——所以我们把维果茨基的研究称为“社会建构主义”（默瑟和霍金森，2008）。维果茨基把学习者当前已经达到的知识水平与他不能独自达到的知识水平二者之间的地带命名为“最近发展区”（ZPD）。维果茨基（1978）认为，通过互动交流，博学的他者在一系列持续的、逐渐展开的学习经历中为孩子们提供指导，正如最近发展区理论详细描述的各种连续性经历那样（参见表 1.1）。事实上，在学生已经会做的和不能独自做的之间，存在着一个恰到好处的地带，我们在此处施教的话，教学将会是最成功的。当你反思自己的教学行为时，极有可能发现，在最近发展区外所施加的教育，不仅软弱无力，而且还会误入歧途。

表 1.1 最近发展区表

实际发展区	最近发展区	潜在发展区
在没有支持或帮助的情况下，学习者实际能做到的	在一个博学的他者的支持下，学习者从一种认知水平到下一种认知水平的上升过程中能够做到的	跨越了最近发展区之后，学习者有可能独自做到的

例如，针对学生已经掌握的知识（实际发展区），如果我们继续施教的话，就会使得学习活动过于容易，我们就会面临让学生感到学习索然无趣的风险。另一方面，如果我们的大部分教学发生在学生还没有做好准备的领域（潜在发展区），我们就会把学习活动变得过于困难，这样就很容易让学生输给挫折和阻力。当我们在最近发展区施教的时候，就能抓住成熟的时机以最恰当的方式为学生提供支持——在指引他们跨越最近发展区的时候，挑战他们，帮助他们，并且对支持力度的大小做出相应调整。

维果茨基（1986）在皮亚杰的思想基础上更进一步地提出了自己的观

点，虽然在知识建构过程中孩子是确定无疑的积极参与者，但是一个博学的他者将会通过社会交往和对话活动对学习活动起到促进作用。在我们所称谓的建构区，师生双方实质上是在共同构建知识的。事实上，正是在这种博学的他者帮助学习者跨越最近发展区的思想中，搭建教学脚手架活动找到了它自身的结构体系。

杰罗姆·布鲁纳:搭建教学脚手架

美国心理学家杰罗姆·布鲁纳和他的同事们第一次引荐给我们“搭建教学脚手架”这个隐喻式词汇，这种有用的方式概念化了维果茨基通过最近发展区所表述的意思（伍德、布鲁纳和罗斯，1976）。在此处，教学脚手架与一台物理意义上的脚手架为一名建筑工人提供支持直至他完成工作的方式极其相似，搭建教学脚手架就是教师所规划出的那条发展路径，通过它可以指引学习者从 A 点（实际发展区）到达 B 点（潜在发展区）（参见表 1.2）。

表 1.2　最近发展区扩展表

——————————————————→		
实际发展区	**最近发展区**	**潜在发展区**
在没有支持或帮助的情况下，学习者实际能做到的	在一个博学的他者的支持下，学习者从一种认知水平到下一种认知水平的上升过程中能够做到的	跨越了最近发展区之后，学习者有可能独自做到的
过于容易	恰到好处	过于困难
失去兴趣	激发学习动机	产生挫败感
A 点——→搭建教学脚手架——→B 点		

因此，支架式教学是一种深思熟虑的进程，它以维果茨基的最近发展区理论为依托，涵盖了一系列可操作的步骤、抉择和互动交流，它们可以帮助学习者不断提升自己独立学习的水平。 它有别于其他学习可能会发生的方式，由于学生积极参与到一个丰富多彩的、互动性的体验过程中，这就使得他们能与老师一起去构建新的知识体系。 在此过程中，老师为学生每一步的学习行为提供支持，一旦学生做好了学习上的准备，就为他们提供足够多的帮助，以培养他们走向更高阶段的独立性。

综合考虑著名学者如维果茨基、皮亚杰和布鲁纳的思想成果，有助于我们认识搭建教学脚手架活动的哲学基础。 但到目前为止，这个概念也许仍然显得过于理论化且让人难以捉摸，也会引发更多的问题。 例如，我们究竟如何去操作呢？ 在每天真实的课堂上，我们又如何在最近发展区所限定的范围内条理清楚地规划课程呢？ 我们如何解除学习者身上所受到的束缚以提升他们独立学习的水平呢？ 而且即便这些都做到了，那又将会是一种什么样的情形呢？

皮尔森和加拉赫：逐步让渡责任模式

皮尔森和加拉赫（1983）在一个被称为逐步让渡责任模式的框架内为这些问题提供了解决方案。 作为一种把维果茨基和布鲁纳的研究成果付诸实践的方式，逐步让渡责任模式给我们提供了一个便于操作和实践的系统性安排，让老师可以随着时间的推移从一个发挥巨大支持作用的角色转变为参与较少的角色，而学生要在学习活动中承担更多、更大的责任。 目前，最著名的教学模式之一——逐步让渡责任模式获得众人认可的是其递进式教学活动的三个阶段（参见表1.3），即从示范到指导下的实践，再到独立实践。

表 1.3　逐步让渡责任模式的一般性解释

教师责任		学生责任
示范 （我来做）	指导下的实践 （我们来做）	独立实践 （你来做）

• 示范（我来做）：本阶段老师在向学生解释学习目标的同时做出示范。

• 指导下的实践（我们来做）：本阶段老师和学生一起活动，逐步降低支持力度，让学生获得独立活动的能力。

• 独立实践（你来做）：本阶段老师不再为学生提供支持，学生独立活动。

例如，我的朋友艾丽丝认定教我织毛衣会很有趣，在我看她织毛衣的过程中（示范），她先是告诉我“打环，缠绕，抹脱，收紧”。在我看了几分钟后，她把网针交到我手中，然后把她的手搭在我的手上。当她手把手地指导我的时候，她依旧继续念叨着：“打环，缠绕，抹脱，收紧。”（指导下的实践）最后，她把手拿开，但口中依旧念念有词：“打环，缠绕，抹脱，收紧。”当我犯糊涂时，她再回头提供指导（指导下的实践）。很快，我全部上手的时候，她就袖手旁观了，我织的同时还自己念叨：“打环，缠绕，抹脱，收紧。”（独立实践）

逐步让渡责任模式的三段式框架决定了各种类似的学习框架的基本轮廓（参见表 1.4），所以你听上去很可能会感到相当耳熟。你描述逐步让渡责任模式那些阶段的方式似乎是个人偏好的问题（有时是哲学倾向的问题），但是因为它如此清晰地举例说明了一个博学的他者如何才能指引学习者跨越最近发展区，对于许多老师来说，逐步让渡责任模式已经成为搭建教学脚手架的同义词。

表 1.4　逐步让渡责任模式变量表

教师责任			学生责任
我来做	我们来做		你来做
我行动	我们行动		你行动
示范性实践	指导下的实践		独立实践
我做/你看	我做/你提供帮助	你做/我提供帮助	你做/我看
我做	我们做	你们一起做	你自己做

表 1.3 过于简单化了吗？ 很可能如此。 但要记住，它从来不意味着要涵盖搭建教学脚手架所有的或全部的可能性含义。 更确切地说，它是为了让我们对搭建教学脚手架的意义有一个基本把握。 为了对它有更详细的了解，我们必须仔细地查看一下这个并不复杂的小长方形表格里描述了什么。

搭建教学脚手架：四个一般性条件

关于搭建教学脚手架，远不止这个基本表格中显示的内容，它是一个极其复杂的过程，需要通过长篇大论才可以探究清楚，单凭一个表格就想把“搭建教学脚手架”这个概念说个明白当然不可能。 课堂上有多少个孩子，我们就会有多少条培养学习独立性的路径，并没有哪一本书可以告诉你需要了解的与支架式教学有关的所有东西，也没有哪一本书能告诉你具体到每一个学生身上，针对每一个教学目标，在每一种具体情况下你要做些什么。 考虑到这些因素，我们要记住，本书并不打算对搭建教学脚手架做一个全面的综合性分析。例如，我们不去讨论“对等搭建教学脚手架”(symmetrical scaffolding)活动，在该类活动中协作小组为小组成员搭建教学脚手架以培养其学习独立性；我们也不会涉及其他起支持作用的如整体—部分学习法(whole-to-part learning)和应邀式学习法(invitational learning)之类的很有效果的学习方法。由于呈现在我们面前的搭建教学脚手架活动可以有多种不同的方式，为了把事情限定在易于控制的范围内，我们只关注传统教育环境中那些搭建教学脚手架的活动安排，即作为博学的他者的教师在最适合学习的最近发展区内为学习者提供支持。

我们在思考自己在这个过程中所发挥的作用的同时，还要把透镜对准能应用于任何搭建教学脚手架的可行性方案中的四个一般性条件，无论学习小组规模有多大，也无论教育环境、教学内容、教学目标、授课方式怎么样；无论该可行性方案有着什么样的特点，甚至其涉及的学习者怎么样。通过这样的方式，我们将进一步对教学重点做出细微调整。这四个一般性条件是教学重点、弹性教学、教学反馈和学习责任。

1.教学重点。在循环评估与持续评估的基础上,并结合对学生的了解，我们采取具有前瞻性的行动,致力于实现明确的、深思熟虑的教学目标。

2.弹性教学。与教学重点紧密相连，我们的教学脚手架有着反应快、有组织的特征,并要相机而动以满足学习者的具体学习需求。

3.教学反馈。在一个重视学生思维能力培养并且立足于学生思维能力发展之上的持续的反馈回路中，教学脚手架才能存在并获得发展，学生也可以监控自己的学习进展情况，然后在后续的学习进程中采取适当的步骤向着独立学习的目标前进。

4.学习责任。在搭建教学脚手架的每一个教学方案中，我们的教学动机就是，让学习者在学习过程中的每个环节都承担起最佳水平的学习责任，以便于他们最终能够独立承担起学习新知识的责任。

当我们向前推进时，将会不断强调的一个事实就是，当我们对课堂教学的效果进行审慎思考，并围绕着这四个一般性条件（图 1.1）训练“意向性”与“反思”能力的时候，我们搭建的教学脚手架才是最有作用的。鉴于此，后面的章节分为四个部分，每一部分关注一个一般性条件。你可以反省一下这项原则本身，反省围绕着它所展开的教学实践，还要反省一下你如何利用它来改进你的教学脚手架。

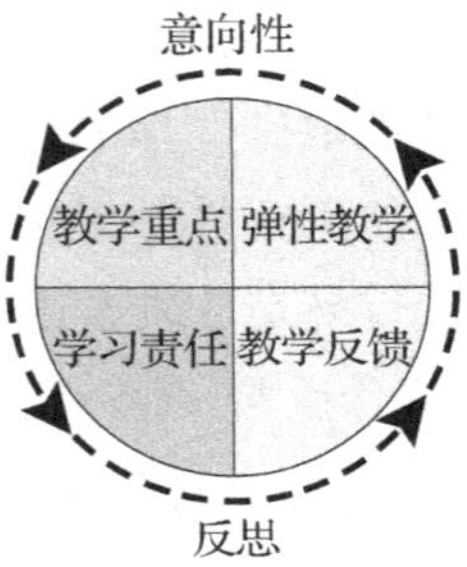

图 1.1　基于意向性与反思的教学脚手架搭建活动

但毫无疑问的是，搭建教学脚手架是一种共同努力。记住，这就是建构区，是你和学习者齐心协力共同构建新知识的场所。尽管我们将要更具体地研究我们在这个过程中所发挥的作用，但我们知道这样做的主要目的是，探究我们如何施教才能为共同承担教学任务提供最有效的支持，以及在渐进的过程中我们如何教学才能为把全部责任让渡给学习者提供最有效的支持。

教学活动涉及的变量始终要比我们许多人真正有时间或有意愿调查到

的多。此外，大多数这些特质是完全不受我们控制的。对于作为预期目标的需要我们讲授的规定性课程，对于我们担负的巨大工作量，对于既定的要我们完成工作的捉襟见肘的时间期限，对于我们要面对的学生的学习能力，以及学生在父母那里所接受到的家庭教育，我们有着很小的影响力或者根本就没有什么影响力。我们既不能对之前发生在各个年级的学习活动进行管理，也不能对发放给我们的那些过时的教学材料进行处理，常常无力面对的还有那些要求我们保留的无效教育项目，甚至还有我们的学生每年都要参加的利益攸关的那些测试活动。

诸如此类的一些变量——我们工作过程中所遇到的障碍——有时可能使我们失去行动能力，让我们产生无力感，让我们怀疑自己改变现实的能力。但现实是，我们只能改变我们所能控制的。我们可以提出建议，我们可以施加影响，我们可以增加自主权，但我们什么都不能改变。

你唯一能控制的事情——也是你唯一能真正改变的——就是你自己。

虽然毫无疑问这本书是关于搭建教学脚手架的，但它也差不多等同于谈论你在此过程中所扮演的角色。同时，我们将着眼于课程目标、学生需求，以及一些耳熟能详的教育原则。但是，当我邀请你花一些时间进行自我反思，反思你自己的教学决策，也反思每一天你在课堂上的教学行为对孩子们产生的效果的时候，我们就会稍微偏离那些传统的研究主题。

当你阅读时，我鼓励你去反思自己的那些实践，以及它们与那些探讨有着什么样的联系。如果你对搭建教学脚手架刚刚有所了解，那就让这本书成为你职业生涯的一个起点，进而成为你为学生提供支持的最有效的途径之一吧！如果你是重新探讨这个概念的话，就要花些时间去思考自从第一次对搭建教学脚手架有所了解以后，你对它的认识已经发生了怎样的变化；思考你现在对它进行解读的深度，以及在培养年轻人读写能力的过程中，这本书中的材料如何才能改善你目前的工作。为了实现这一目的，在每一章结束时都设计有一些问题，旨在促使你进行相关思考，并将它的一些原理运用到自己的教学中去。

这可能比你想象的要难。就像护士、治疗师、辅导员以及其他类型的监护人一样，教师的职业本质上具有帮手的性质。我们的生活围绕着别人的需要展开，所以花些时间去自我反思会让人觉得不合常理，甚至会让人觉得有点儿自私自利。搭建教学脚手架涉及我们在学习进程中所采取的那些决定性的、具有可行性的步骤，从我们这方面来说，这需要一种专注力。如果我们在意识范围内而不是在它之外采取行动的话，那么我们的教学决策将会更有效力。我们必须找到一些方法，将我们的思想和决策过程转换到有意识的层面上去。有效的支架式教学需要教师在搭建教学脚手架的过程中有自我反思能力，以及与活动有关的目的意识。①

如果我们真的想做出改变，那么我们就要换一种方式来审视作为行动起点的我们的教学。“一旦知道了我需要知道的一切，我就可以成为我最初想要成为的那种老师。”如果你一直带着这样的心态去工作的话，你就会认识到那样的方式根本无济于事。

---

①除了工作这个压力源外，许多事情都会让我们丧失自我反省的能力。下面我们将实实在在地帮你列出任何可能会阻止你进行反思的障碍。

• 不适感——就像大多数帮手一样，你可能已经把自己训练得更专注于他人，因此，本能的自我反省可能会让你感到局促不安。

• 不确定性——可能的情况是你没有自我反省的工作流程安排，或者当你果真坐下来反思的时候，只是不确定要关注些什么。

• 努力——自我反思需要时间和精力，这两者是我们大多数人所缺乏的东西。至于其他一些事情，诸如锻炼身体或去杂货店购物，有时不做这些事要来得更容易一些。

• 无意识——你可能从未意识到自我反思有多么重要，因为它只不过是你常规工作流程的组成部分而已。

• 惧怕——坦诚的自我审视会让我们局促不安，因为我们可能会不喜欢我们所看到的自我。

• 责任——你可能会尽量避免自我反省，因为你担心你发现的东西会促使一些变革性行为的发生，而你根本就没有准备好为这一变革承担相应的责任。

有意识的教学是一种时时刻刻、日复一日的实践活动。我们和学生一样，从成功和失败中汲取知识。学会精心打造有效的教学脚手架是一个始于当下、立足于此的持续不断的实践运程。这是我们的起点——意向性与反思性教学，要对我们在做什么和为什么这样做有完全充分的认识。

欢迎来到建构区!

建设性反思

1.你如何给“教学脚手架”下定义?你努力想出一个清晰的定义了吗?你的同事会以相同的方式下定义吗?与本章中所提供的信息相对比，你下的定义怎么样?

2.你如何看待搭建教学脚手架与逐步让渡责任递进发展模式二者之间的关系?它们是一回事吗?抑或不是一回事?你的同事将会持相同的观点吗?

3.回想你教得很好的一节课。在那种情境下，你是怎样与学习者的最近发展区理论保持一致的?在一节课上得不那么顺利的情况下，那又是怎样一种情形呢?

4.作为一名教师，你如何知道你已经成功跨越了最近发展区?为了达到这一目的，你是怎样实施监控的?

5.本章以对意向性和反思性教学的建议作为结尾。你是如何对与学习者在一起的教学工作进行自我反思的?你目前与此有关的做法是什么?你可以从哪些方面更留心于那些培养学习者读写能力的教学工作?而且，改善这些教学实践可能会带来什么样的影响?

第一部分　教学重点

在循环评估与持续评估的基础上，并结合对学生的了解，我们采取具有前瞻性的行动，致力于实现明确的、深思熟虑的教学目标。

第 2 章　调整教学重点:确定学习目标

我不是一个运动能力很强的人，因此，不会让你感到惊讶的事情是，我在上中学时的每一个春季都期待着自己最喜欢的体育项目：射箭。 任何时候，只要不用汗流浃背，我就很高兴。

惬意地待在安装着空调的体育馆里，我会拉开弓，漫不经心地朝着靶心附近的位置瞄准。 我对于自己在做什么懵懂无知。 我对于射箭取得成功的定义就是射箭时能够命中靶子，箭靶上的任何位置对于我而言都是好位置。 有时候，出其不意的事就是，我真的就射中了靶心。 假如靶心真的被射中了——这是一个极大的未知数——对我而言，它也与任何精心计算的射箭策略没有任何关系。

我有两个兄弟也喜欢射箭，但他们非常争强好胜。 事实上，他们非常发愤图强。 当我坐在图书馆里读第三遍《红色羊齿草的故乡》的时候，他们就目标明确、有意识地提升自己的射箭技能。 他们购买了专业的弓，并在当地靶场报了名，进行额外的射箭练习。 当他们射箭时，我总是异常惊讶，他们常常会射中靶心——看上去他们那么善于精准计算。

当然，由于他们练习过，所以要比我强得多。和我相比，在击中靶心这件事上，他们有着相当多的投入，所以他们就把精力放在对于实现那个目标而言最重要的事情上：提升自己的瞄准能力。

当我们为培养学习者的读写能力设计教学脚手架的时候，只击中箭靶上的某一个位置是不够的。每一次我们拉开教学这张弓并把箭射出去的时候，它应又直又稳、结结实实正中学习目标的靶心位置。鉴于此，我们要把注意力转移到搭建教学脚手架的四个一般性条件中的第一个条件上：

以评估为基础，一个清晰的、与目标有关的教学重点是任何搭建教学脚手架方案背后的驱动力。

在建构区，有自觉意识的教师的首要任务之一就是清晰地表述教学目标——首先表述给自己，然后表述给学生。如果没有对教学重点进行精细调整，我们的教学脚手架甚至会在我们开始之前就分崩离析，而且我们会完全错失靶心。

具体才产生效力。

锻炼我们的精确度：切题式教学与相关性教学

教学脚手架的有效性与教学重点的清晰程度直接相关。但大多时候，从我们这方面来说，阻碍我们推动学习者取得进步的原因是我们缺乏清晰的愿景——我们不清楚自己将要前往哪个方向。当我们当下所做的事情没有与一个清晰的愿景建立联系的时候，我们就会感到空虚、沮丧，效率低下。

这种情况一直都在发生。回想一下你当初是怎样学会骑自行车的就能明白了。更有可能发生的情况是，你用辅助轮开始练习骑车，在你找到自己的方向感后，有一段时间里，你都会满怀喜悦地一直骑着带有辅助轮的自行车。然后，有人拆掉了你自行车上的辅助轮——看上去他知道那些轮子所发挥的作用——并且告诉你要为骑一辆没有辅助轮的大孩子们骑的自行车做好准备。

虽然不大情愿，但你相信自己事实上已经准备好了，你用一只脚踩下自行车的踏板，准备面对一个没有辅助轮的世界。

然后你就摔倒了。

人们通常拿“辅助轮”作为“教学脚手架”的类比概念。事实上，根据自行车专家（戴，2012）的观点，辅助轮其实是教学脚手架框架内教学重点模糊不清的非常棒的一个例子。你要知道自己跌倒的原因是，一位你所信任的教你骑自行车的聪明人，一直以来都在用辅助轮来努力地帮助你掌握“平衡”。事实上，辅助轮可能会帮助你学会踩踏板以及利用车把掌控前进方向，但它们并不能让你锻炼平衡能力。说句公道话，对你影响巨大的那个人可能并不知道这个错误搭配的问题。不过，家长们已经使用辅助轮很多年了，所以这件事还算说得过去。

问题就在这里。如果教学目标是教一个自行车初学者在骑车时掌握平衡的话，更好的一个选项是拆除脚踏板并降低座位，以便于他能碰到地面。这样，用双脚反复蹬地前行，最初小步冲刺但最后以较大的步伐前进，通过这种方式可以培养他的平衡感。一旦他具有了平衡能力，你就可以升高车座，重新安上脚踏板，这样就可以教他轻松自如地骑一辆货真价实的自行车了。

教学决策和教学目标之间的这种错误搭配，阐明了“切题式”教学和“相关性”教学之间的经典差异。当我们的目标明确无误地聚焦于靶心的时候，我们可以说，我们所做的事情与我们的目标相关。但通常情况下，我们发现我们的教学，虽然可能“涉及”我们正在努力完成的事情，但并不是直接“相关”的。在这种情况下，辅助轮与那个教会孩子骑自行车的更宽泛的目标有关，因为我们可能会利用辅助轮来教会孩子踩踏板和管控方向，但与平衡能力并不直接相关——平衡能力才是我们实际上的预期目标。当一切都说了也做了时，结果我们的箭只是射在箭靶附近的某个位置，而不是直命靶心，这会让师生都陷入沮丧之中——如果是一点儿绷带也不用缠、一点儿伤痕也没有留下的话。

我们在教学中也可以看到这种模式留下的痕迹。最近的一次教职工会议上，劳伦对由我引发的与该问题有关的讨论感到好奇，她把我从楼上叫到她的房间，而且主动提出她对于教学决策的一些不同观点。劳伦从她的动态跟踪记录中注意到，她的二年级课堂上大约有五名读者一直在一个相似的出错模式中苦苦挣扎。她在学习小组统计表上列出的这五名学生的所有动态跟踪记录的基础上，指出了每个学生身上所出现的大多数差错是怎样透露出错误的意义性的，那些错误与他们要朗读的那个单词外观上的相像有关。例如，他们五个都把句子“The mouse quietly darted across the kitchen floor”中的“quietly”读成“quickly”。这种出错模式在其他的误读行为中继续着，如把“loved”读成“liked”，把“scampering”读成“scurrying”，以及把“these”读成“those”。

“那好吧，”在她把话说完后我说道，“根据这种情况，你做出了什么样的教学决定？下一步你将与这几名读者往哪个方向付出努力？”

“嗯，那个经历中他们是在努力弄懂句子的含义，这很棒，但他们没有注意到单词的中间部分有着什么样的构成。我当然想在他们的小组课程内容上增加一个额外的单词学习任务，我就设想出这个活动。但现在我担心的是，它更可能是相关性教学而非切题式教学。”

她交付的活动是一道传统的完形填空题——段落中间有几个缺失的单词，有待读者填写补充。在每个空白处，她会给出缺失单词的首字母。事实上，学生们需要想出一个以所给首字母开头的单词，同时要使得该段落在意义上说得通。讨论期间，劳伦分享了她设计该活动的目的，即在读者思考单词中间部分构成的时候为他们提供支持。

后来的事实证明，劳伦的怀疑是正确的。这项活动——尽管与她关注单词中间音的教学目标有关——和她试图让读者所做的事情没有直接的关系。当然，他们本来是应该写出填在空白处的那些单词的中间音（和词尾音）的。但她最初在学生动态跟踪记录中注意到的那些出错模式表明，就填写一个不仅在词义上说得过去而且词首发音也符合要求的单词的任务而言，这些读者早已经是行家里手了。其实，这正是问题的一部分。

经过一番思考，我们做出决定，每个学习小组学习的功课都将纳入一个单词学习活动中，该活动与帮助那五名读者关注单词中间音的差异直接相关。更具体地说，劳伦将精心设计一些词梯，而且词梯上所有单词的词首音与词尾音保持不变，只有中间音不同。除了词梯练习这个经常性的活动外，劳伦还做出决定，她将找机会着重强调个别学生身上的出错模式，在白板上写出他们错选的单词和正确的单词（把一个单词写在另一个的上方），并让阅读者圈出这两个单词彼此不同的组成部分（图 2.1a，图 2.1b）。当她做这件事的时候，她不断肯定学生身上那种搜寻线索的优点，推动学生反复检查自己对于解决每个单词在词义上是否行得通以及在发音上是否合适的问题所付出的努力。

图 2.1a　学习小组中的一名学生在寻找她试选的单词和课文中的那些单词之间的差异

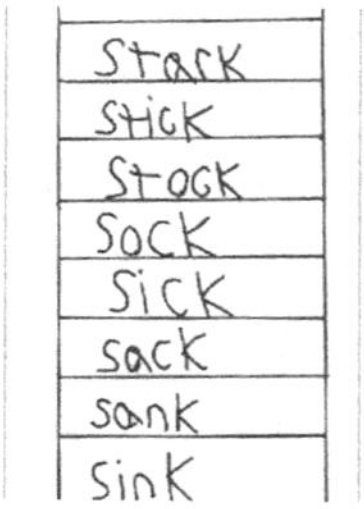

图 2.1b　帮助劳伦的学生聚焦于单词中间部分构成的词梯

在这种情况下，劳伦通过对自己应对学生需要的教学工作的反思，在教学上做出了重要转变，她把她的目标变成了教学重点。当我们把教学规划提升到这种有意识的水平的时候，对于究竟我们想把学习者带往何方的问题，我们就能够做出清晰而明智的决定。我们的目标必须精心设计且力求精确。一旦目标达到了如此要求，我们就可以将搭建教学脚手架的其他条件——弹性教学、教学反馈和学习责任——与那个目标紧密结合在一起。

我们的教学之箭将径直射向靶心。

一个恒定、持久的教学重点自始至终都贯穿在有效地搭建教学脚手架活动的一连串进程之中。没有它，教学脚手架本身就不复存在。但是既要勉力应对学生多样化的需求，也要面对不断增加的、让人分心的其他事情，找到合适的起点，然后规划出要走的路径，这可能是一件非常困难的事情。而且努力瞄准教学重点有时会让你觉得你是在玩一个疯狂的课堂游戏“沃尔多在哪里”。

教学重点就是“纵然存在着其他所有的让人分心的事情，也要紧盯目标”。这个定义强调了两个主要特点：确立一个目标，并保持向着目标努力的方向。为此，本章剩余部分是围绕着“调整教学重点”展开的。在接下来的一章中，我们将思考“瞄准教学重点”带来的挑战。

调整教学重点

我在一个小镇上长大，那时迫不及待地想到大城市去生活。大学一毕业，我就径直奔着最近的都市区而去：得克萨斯州的休斯敦市。当我回顾这一切往事的时候，我仍然不确定那时的我在想些什么。休斯敦是美国第四大城市，对于我而言，在滚滚车流之中找到行车路线真是完全没有什么准备的事情。驾行在十车道的高速路上，其他司机在身旁风驰电掣般呼啸而过，经过那么多的车道变换，看着那些有着光怪离奇道路标示的高速出口，还有那些永无尽头的高速环路，我第一次感到真正的恐惧。

由于我铁定了心要让自己免于落得个打道回府的结局，加上那时 GPS 全球定位系统还未投入使用，所以我必须弄清楚在新城市里我应该如何驾行。念及于此，我决定对休斯敦进行更深入一点儿的了解。还不错，的确有对它进行了解的机会。一个星期有那么几个夜晚，我事先把闹钟的闹铃设定在凌晨 2:30，到点就钻进车里，然后开车上路，仅仅是开车，那个钟点还没有施行交通管制，我可以在市区里到处游荡。如果未来几天内我要驾车前往某个特定地点的话，我一定会在一次夜间驾驶中去研究这条路线。但多数情况下，我只是开车去熟悉所有的地理方位，并了解休斯敦道路系统是如何运行的。

没过多久，我就对这座城市的角落旮旯和整体布局了如指掌，这样，在这座城市的滚滚车流中开车上路就轻松自如得多了，我成了一名货真价实的休斯敦司机（如果你有过在休斯敦开车上路的经历，就一定会知道这意味着什么）。任何一个尝试在陌生城市开车上路的人都可以证明这一点。当你知道你要应对的是什么的时候，事情就较为容易一些。

借由我们的教学脚手架策划一门课程同样会是一件具有挑战性的事情。我们中大多数人都可以找到靶子——或至少射中靶子上的某一个地方——但为了命中靶心而进行精细的调整将会是困难的事情。幸运的是，就如同所有的教师一样，你拥有一个教学 GPS 定位系统，它可以指引你穿越最近发展区，就像你的车载全球定位系统，通过提出三个重要问题的方式，最终可以把你带到你的目的地。这三个问题是：

- 我们要往哪里去？
- 我们现在在哪里？
- 到达那里的最佳路径是什么？（参见第 3 章）

我们要往哪里去？像 GPS 全球定位系统一样去思考

虽然这乍看上去是一个很简单的问题，但它需要我们仔细思考，事实上这极为重要。假如我们不知道要往哪里去，就永远不会到达那里。正如瑞克·斯蒂金斯提醒我们的那样："学生们可以达成任何教育目标，前提是这些目标要稳定不变、清晰可见。"（斯蒂金斯等，2004，第 57 页）。就像当我们使用真正的全球定位系统时，我们对于前往目的地的清晰认识，可以为我们设计前行路线打下基础那样。我们输入的地址越精确，就越有可能到达目的地。

通过积极思考，我们会发现，任何有效的学习目标，都有两个重要特征：

- 有着具体的行动；
- 指向于一个明确的结果。

这两个核心要素可以造就或毁掉一个学习目标，对这两个要素的清晰认知可能是切题式教学与相关性教学的不同之处。当我们工作伊始目标就很模糊的时候，教学往往会偏离方向。请参看下面这几个学习目标：

学习目标一：马尔库斯将阅读一篇 C 级别的文章。

学习目标二：马尔库斯将借助于首字母提供的视觉线索，反复核对图片透露的意义，阅读一篇 C 级别的文章。

哪一个学习目标更具体？两者都指向一个明确的结果——阅读一篇 C 级别的文章，但学习目标一对于学习者需要采取的也是将要发生的行动，描述得模糊不清。它提到的唯一行动就是马尔库斯要进行阅读，这基本上为我们指出了正确的方向，但是留给我们解释这种目标的空间就太大了，它不够具体。学习目标二在另外一个方面确切地告诉我们，一旦马尔库斯为实现学习目标承担起学习责任的时候，我们需要观察他在做什么——在他读出那个带有指定首字母的单词时，多方核对他这个有目的的尝试是否正确。有了这种清晰度，我们就能精确地知道我们的目标是什么，就可以在我们的教学 GPS 定位系统中输入一个精确的地址。在我们的学习目标范围内，行动和结果越明确，我们的教学效果就越好（参见表 2.1）。

表 2.1 表述不清晰的教学目标与表述清晰的教学目标示例

目标 不清晰的表述	目标 确切的表述
阅读一篇C级别的文章	借助首字母提供的视觉线索，反复核对图片透露的意义，以此阅读一篇C级别的文章
以更好的修辞手法进行写作	识别作家们运用明喻和描述性名词创造视觉意象的写作技巧并加以运用
生成心理意象以形成较强的理解力	想象出人物的面部表情和动作，推断他们的情感和动机
流利地朗读	利用标点符号，读出恰当的语气和声调变化
解读诗歌的含义	分析修辞语言以推断诗歌中所蕴含的意义

当我们把学习目标输入教学GPS定位系统中的时候，我们必须明确我们要往哪里去，每一个具体行动都要指向某一个明确的结果。

要围绕着你没有生成的那些目标多花费点儿心思。当你不曾确定出对于自己足够清晰的学习目标时，课程计划一定会偏离轨道。我们在试图解读那些常常比宪法条款还要冗长的州课程目标或国家指定的课程目标时，如果感到迷茫与困惑不解的话，课程计划也一定会偏离轨道。无论在哪种情况下，深入探讨这两个支柱——找到“具体的行动”和“明确的结果”——你的目标都会变得更加清晰。①

---

①通过界定学习目标的行动和结果，决定了你要往哪里去之后，你可以通过询问一些澄清性后续问题的方式来收集更多信息，通过这样的方式可以进一步地对你的教学重点进行微调。

• 它是谁的目标？

本质上这是一个根源性问题，我们可以自我追问：“这来自哪里？”一些学习目标直接由我们做出决定（课程目标），另一些学习目标则在教学过程中被确认出来（自定义目标），而且是建立在学生的需要和发展的基础之上的。意识到这一点有助于深化对学习目标的认识与理解。

• 有与这个目标协调一致的其他目标吗？

通常，在同一时间内，教学目标与其他几个目标彼此结合形成合力，常常扮演着楼梯的角色，服务于更高、更复杂的目标。同步出现的可能还有其他共生性目标。知道一个学习目标在宏大计划中的地位，可以揭示目标设定的目的并使它变得更加清晰。

• 这一最终目标周围有什么陷阱？这个目标怎么样或有什么偏差之处？

可能会有哪些相关性（但不是切题式）教学举措会使得我们偏离既定的教学目标？花些时间去探究我们的最终目标不是什么，有助于澄清实际上它是什么的问题。

• 你如何知道你已经达到了这个最终目标？

明确的最终目标是可测量的，你可以判断出何时你已经达到了最终目标。在你开始组织教学之前，了解一个学习目标的具体外显标准可以帮助你提炼、完善教学重点。以前与我共事的一些老师发现这个问题很有价值：“这将如何评估？”

奇迹问题

为了进一步明确你的教学重点，追问自己下面几个问题也许会对你有所帮助：“要达到这个学习目标，我的学生需要做什么？ 再具体点儿说就是，它看上去怎么样？ 听起来又如何？ 作为那个行动的结果，将会发生什么？”为了达到这个目的，你可以使用一个叫作奇迹问题的方法。

对你而言，奇迹问题肯定需要付出一些想象力，但它可以帮助你精确确定你想要学习者达到的目的是什么。 必不可少的是，试着想象你不得不请一天假，当你离校后，为你代课的教师创造了一个奇迹，利用支架式教学帮助你的学生达到了你的既定目标。 当你回来时，发现你的学生成功达成了学习目标。 如果这一切真的发生了，奇迹问题的内容就是，引起你注意的“第一件事”会是什么？ 通常情况下，准确描述你注意到的第一件事，会指引你采取一些具体行动，而你的目标将建立在这些具体行动之上，并且在更新了清晰度之后，你就可以更好地规划教学以指向学习目标。

如果我们把这个技巧在马尔库斯（上文中提到过）身上加以应用的话，他的学习目标是借助于首字母提供的视觉线索，反复核对图片透露的意义，以此阅读一篇 C 级别的文章，我注意到的第一件事就是，他把视线从图片转移到词语上，并且读出的词语在意义上讲得通，词首发音也正确。通过奇迹问题这个透镜来审视马尔库斯的学习目标，就可以聚焦于前面提及的具体的行动和明确的结果。 通过追问这样的问题，你可以进一步深化奇迹问题（以及你的教学重点）：“如果我戴着耳塞进入了房间，什么声音也听不到，我首先看到的会是什么？ 如果我被蒙上了双眼，我听到的首先又会是什么？”

重点短语

在调整教学重点的过程中，你可以使用的另一种实用技巧被称为重点短语。重点短语是贯穿于搭建教学脚手架过程中的，你和学习者不断重复的、简短的且有利于学生理解的对于学习目标的描述。例如，马尔库斯的重点短语可能是这样的一句话：

“我说的词语匹配于插图，词首发音正确。”

因为这句话被频繁地重复，其语言风格使得教与学在整节课上都与学习目标紧紧联系在一起。重点短语有下列三个重要的好处：

1.在教学规划以及授课过程中，使得教师聚焦于学习目标。

2.使得学生在教学过程中聚焦于学习目标。

3.独立学习时，它就成为学生自我对话的源头，最终成为学生内心想法的一部分。

重点短语要求我们把学习目标精确到它的细枝末节之处，然后通过学生的眼睛来审视这些细节。正因为如此，我们在为重点短语斟词酌句的过程中，在思考问题以及进行课程规划时，注意力就会集中在自己努力要达成的目标以及学习者需要做的具体事情上。有了这个清醒的认识，我们就可以更精确地朝着目标前进。

当你设计重点短语时，要确保它们具有可操作性。大卫·索萨在他的著作《大脑是如何学习的》（2011）中提醒我们：“不要让课程目标的数量超出学生力所能及的范围，这样他们就可能会记住所学知识中较多的东西。精即是多！”当你开始设计一个重点短语时，记住，一个有效力的重点短语应该：

- 简洁且具有可行性；
- 使用有利于学生理解的书面语；

• 立足于一个清晰定义的最终目标之上；

• 在搭建教学脚手架的过程中保持了教学重点的完整性。

一旦准备好了重点短语，你就可以把它作为一个贯穿于教学脚手架搭建过程中在口头上不断重复的主线。你在头脑中要不断重复这个短语，因为你要在教学计划中使得你的教学具有目的性，为了让你和你的学生都把注意力集中在教学重点上，你们要在教学过程中不断重复它。随着时间的推移，你的学生就接受了短语这种语言表达方式，自己就会无意识地重复这个短语。

为了进一步阐明这个概念，让我们再回头谈一下劳伦的二年级学生。应该还记得，那些读者做出了有意义的努力，他们词首与词尾的发音都正确，但在中间位置却乱作一团。劳伦和我共同努力设计出了一个重点短语，以帮助这些读书的学生处理读单词时从前到后拼读的问题：

"我读书时就是在单词之间跑垒。"

这个简单的措辞方式利用了这样一个比喻：当一个击球手跑垒时，他必须沿着正确的方向快速奔跑，依次完成触垒的任务。当劳伦和我为学习小组的下一节阅读指导课解决问题的时候，我引入了这个重点短语：

老师：各位好，你们曾经打过棒球或垒球吗？

学生 1：打过！

学生 2：没打过，但我在电视上看过。

学生 3：我从来没有玩过……

老师：好吧，你们踢过儿童足球吧？我记得曾经见过你们玩。

学生 3：哦，是的……我玩过。我们要踢儿童足球吗？

老师：嗯，有几分相像。当我们读书时，我们将在单词间跑垒。当你们读书的时候，我一直在倾听，我已经注意到一些我认为可以帮助你们解决的问题。看着这个单词(把单词"these"写在白板上)。昨天，当你们读书的时候，你们每个人读到这个词，读的不是“these”，而是把它读成了另外一个词（把单词“those”写在单词“these”的正上方）……

学生 4：读错了！

学生 2：是啊，那个词是“these”，那个是“those”！

老师：是的，我知道……但是它们真的很相近，而且在意思上它们也都说得过去。这是个很容易犯的错误。

学生 3：是啊……它们几乎是相同的。

学生 1：差不多。

老师：是啊……差不多是相同的。那它们的不同点在哪里呢？

学生 4：（用手指向单词的中间部分）中间有一个“o”……另外一个……它有一个“e”！

老师：你说得不错！……它有一个“e”。明白了吧，这就是我想跟你们说的。你们知道当你们在击打棒球和开始踢儿童足球之后要尽快起跑吗？

所有学生：是啊！

老师：你们要依次快速跑遍那些垒位吧？你们在沿途都要触垒吧？你们要一路跑回本位吧？

（所有学生都点头）

老师：如果你忘记在一个垒位完成触垒任务而继续跑垒的话，将会发生什么？

学生 3：你就出局了……那是不计分的！

老师：是啊！你必须完成全部触垒任务，否则就不得分，你必须跑垒。读单词的方式与此相同，你必须依次去读，用你的眼睛去接触单词的每一个组成部分，并确保口眼一致。读书就是在单词之间跑垒。大家一起说：“读书就是在单词之间跑垒！”

所有学生：读书就是在单词之间跑垒！

老师:对,就是这么回事! 让我把我的意思展示给你们看一下……看着"those"和"these"这两个单词,如果你读到"these"这个词,却读成了"those"——那么你的眼睛就错过了一个垒位。你完成了第一个触垒任务(用手指向"th"),却跳过了第二个垒位,然后就一路跑回本位(指向字母"s"和"e")! 如果你不用你的眼睛完成所有触垒任务,就不会得分。

学生 3:是啊,那样就不会计分……

老师:看我在读这个单词时是怎样跑垒的……(继续示范)

当你回顾这项交流活动时，就会注意到某种形式的重点短语会频繁出现，这是有意为之。 重点短语的主要目的就是在听到之后频繁重复，这个概念最终会成为学生的第二天性——利用这个概念，学生与博学的他者在互动过程中最终将其内化为共享语言（维果茨基，1978；伯克和温斯勒，1995）。 重点短语重复的次数越多，该教学重点的影响力就越大，学生就越有可能接受这种语言表达方式，并且随着时间的推移，学生会把它纳入自己的思维活动之中。

当学习小组从模仿到互相支持，最终到独立学习时，劳伦和我一直在不断寻找可靠的契机，以便在学生阅读时给予他们提示、支援或提醒，让他们在单词间跑垒。 在一些课堂上，除了一个人之外的所有读者都成功注意到了单词完整的发音。

可以精心设计一些重点短语并服务于个人的、小组的或全班的目标，可以为学习过程中的每个阶段提供支持。 我发现这个方法是一个价值非凡的工具，可以使我和学生在教学过程中不至于偏离轨道，我经常把重点短语写在教案顶端或写在用于交换意见的带夹写字板上的个别学生姓名的旁边。 把它放在视线所及的地方，看到它就让我想起教学重点，这样就可以让我在搭建教学脚手架的过程中不偏离正确轨道（参见表 2.2）。

表 2.2　转化为重点短语的一些常见教学目标

教学目标	重点短语
探究图片含义，利用图片含义帮助词语求解	我要琢磨这张图片并让嘴巴做好发第一个音的准备
朗读时把句子分解成词组	阅读时我要把互相搭配的词归为词组
注意小说的若干要素	读小说时我要注意人物、场景和情节
在脑海中使得文本形象化	阅读时我要在脑海里形成活动影像
纠正滥用大写字母的问题	我只在需要用大写字母时才使用
预测结果	阅读时我要对文本及将要发生的事情进行思考
流利书写熟知的单词	我要凭记忆又快又好地写出熟知的单词
为让作文意思通顺而进行自我监控	重读自己的作文，认真听，确保作文意思通顺

我们现在在哪里？　以评价为起点

当你在车载 GPS 全球定位系统里输入确切的地址之后，接下来它就会提出一个问题：“我们现在在哪里？”这是一个关键问题。只有目的地是不够的，为了标示出一条指导性路线，你的 GPS 全球定位系统需要知道你从哪里出发。效果较好的搭建教学脚手架活动取决于一个类似的二分法。一旦有了明确定义的教学目标，在测算出最佳路线之前，我们就必须弄清楚学习者与这个目标的相对位置。而且跟往常一样，这个相对位置越精确越好。

试着想象一下，你冲进医生办公室，剧烈的腹痛让你连腰都直不起来，医生连一声招呼都没打就给你开了一个处方，然后递给你，之后你走出房间。很有可能，你会冲出去征求额外的意见！当我们去看病时，我们期望医生在决定需要解决什么问题之前对我们进行缜密检查。毕竟，如果对引起我们痛苦的病因没有进行实际诊断的话，他们又怎能对症下药呢？

同样，要为学生的阅读和写作设计出有效的干预性课程，我们必须仔细研究一下他们的需求。诸如动态跟踪记录、作业本、检查记录表、筛选人和详细目录之类的诊断性评价有助于我们实现自己的目标。这些教学活动前所给出的评价，给了我们一个近距离考查学生身上的优点和需求的机会，这样我们就可以找到教学重点并且可以澄清我们要往哪里去的疑问。

一天夜里，我嫂子心烦意乱地给我打了一个电话，因为我侄子在一年级的阅读课上遇到了麻烦。像许多父母一样，她不知道如何帮助他，所以她就给熟人打求助电话。

“你能辅导他学习吗？”她恳求道，“他不会读书。”

“出了什么问题呀？”我问她。

她困惑不解，还有点儿纳闷：“嗯，你什么意思？”

“我的意思是……他的老师说他需要在哪些方面多加努力？”

“也没说啥……她只是说他不会读书。”

星期六上午，我把他们邀请了过来。我和他一起读书，而且拿出几本情况记录簿，让他记下来，并观察他处理读音的方式。我的发现让我感到惊讶。他有很多优势，但要达到阅读要求还有困难，因为他没有协调自身的那些优势来帮助自己。

原来他的阅读受到了那些一年级学生身上常见的错误观念的影响，该错误观念认为在阅读之前必须熟记每一个词语。通常，当他碰到一个自己不认识的词时，他就跳读了过去。最后，我决定在他身上花一点儿时间，利用他强大的意义感知能力来解决阅读时遇到生词的问题。我们一起练习了在遇到生词时使用图片来思考是什么词才有意义。一旦他摸到了其中的门道，我们就致力于利用单词中的那些发音来核查他的那些学习尝试。很快，有了这些澄清过的教学目标的帮助，他就赶上了他那些一年级同学。

从那些诊断性评价活动中获得的认识，使我们能够根据学习者的实际需求调整我们的教学重点。甚至当我们面对着比如“他不会读书”这样模糊不清的托词的时候，或者当我们面对着学区、州或国家课程规定的更大目标的时候，对学生进行评价，看清他们的具体需求，就可以使我们根据个体需要确定教学重点，这样，针对下一步我们需要努力的确切方向的问题，我们就可以做出明智的决定。

评价活动和搭建教学脚手架活动携手并进。回想一下，搭建教学脚手架活动依赖于最近发展区，而且了解我们是否处于最近发展区的唯一方法就是通过评价活动收集足够的信息，以获得学习者的优势所在以及他们学习需求的清晰状况。在克莱尔·兰德里根和塔米·穆里根的著作《透视评价》(2013)中，作者提醒我们：“评价活动是一个窗口，可以帮助我们了解读者是如何处理文本的，以及他们感到困惑的是什么。正是通过观察他们的行为并注意他们的反应，我们才能明白需要用什么方法对学生进行教育。”(第 12 页)

评价活动不仅有助于我们把注意力集中在前面提到的确切的教学重点上，而且在教学规划时确定规划起点的过程中发挥着关键作用。最容易使教学重点发生偏离的一种做法就是，在没有摸清学生的学习起点之前就开始盲目施教。

三角互证的数据

“我们现在在哪里”的问题根植于评价活动，选择合适的测量方法进行教学评价是一项艰巨的任务。由于只使用一个数据源具有局限性，兰德里根和穆里根（2013）描述了可资使用的多种多样的评价方法（参见表 2.3），也让我们回想起数据三角互证法，这种方法对合并收集一个学生的所有信息以及帮助我们在教学规划活动中做出有效决策有着很大的帮助。当我们对数据进行三角互证时，我们收集有着不同时间间隔的多种类型的评价信息，描绘出学生学习需要的最清晰图景。

表 2.3　兰德里根和穆里根的评价方法

评价类型	具体内涵	实例
正式评价	采取标准化的测量手段给学生的学业成绩打分，并与较大范围内的群体表现进行对比	• 州统考 • 学业成绩测试 • 词汇拼读测验（Words Their Way）
非正式评价	根据课堂上的学习内容，给出学生课堂表现的具体信息	• 学生作业样本 • 会谈笔记 • 对话
定量评价	具有可靠性，可以进行数据分析以及比对，立足于数值测量的基础之上	• 心理测验 • 高风险测试 • 州统考
定性评价	涉及行为和模式，该评价类型主要关注人而不是数字	• 观察 • 访谈
诊断性评价	为了对优点与不足进行识别以及对教学做出规划，在开展教学活动之前进行的评价	• 预备考试 • 高频词列表 • 阅读清单
形成性评价	为了帮助教师“即时”地对课堂教学进行调整，在学习过程中进行的、作为课堂教学步骤一部分的评价	• 调查 • 观察 • 动态跟踪记录 • 学生作业
终结性评价	主要用于教学活动后或学习过程中，每隔一段时间就对知识的增长或理解进行的测量	• 高风险测试 • 标准化测试 • 期末考试

* 改编自《透视评价》第二章(兰德里根和穆里根,2013)

使用多种类别的评价方式可以帮助我们找到教学起点并对教学重点进行精细调整。注:兰德里根和穆里根清晰表述的一个观点就是,形式多样的评价类别可以有多重归类方式。例如,动态跟踪记录可以是非正式评价,还可以是定性评价、定量评价、形成性评价和终结性评价。我所列举的许多实例也可以归入其他评价类别之中。

例如,如果我要与西蒙协同解决她的老师对阅读流畅性的关注,我就会及时研究不同时间点的一系列数据,较为透彻地了解她的阅读行为,然后找出从哪里下手,这样就可以在进行教学规划时有更好的决策。我可以搜索过去几个月间她所在学习小组所有的阅读记录,寻找她在秋冬两季阅读测试量表上那些阅读流畅性指标,浏览她每周的定时阅读图表,并查阅她的老师全年内的个人会谈记录。我收集到的与西蒙阅读状况有关的数据越多,我的教学重点就会变得越清晰。

由于仅仅查阅一条评价信息描绘出的不是完整的画面,对数据进行三角互证可以用你收集到的尽可能多的与学习者有关的信息,确保能帮助你搭建并推出你的教学脚手架。有了这个清晰的认识,你可以做出有效的教学决策,推动你的学生取得进步。

案例研究

考察单个孩子的大数据有助于我们对那个孩子和他的学习需求产生更为丰富的认识。同样,与一群朋友或同行讨论案例研究,可以打开思路、更新观念,而这些思路或观念即便我们自己再怎样琢磨也很可能不会出现。学会对数据进行三角互证需要花费时间以及实践锻炼——而且是大量的时间与实践锻炼。每当你做出一些新的和有难度的尝试的时候,汇集一群可以共同实践的朋友是一件明智的事。

作为一名教师专业发展研究者，我经常与教学团队一起进行案例研究，但你不必等到你的教学师傅参与进来才启动案例研究。你可以和任何一群想磨炼、提升自己数据分析能力以及有效教学决策能力的同事一起进行案例研究。这个过程相当简单，但你未来的收益将会对你把注意力集中在教学目标上大有帮助。你们越经常见面，你们就会变得越好。

案例研究通过以多重视角研究多个数据片段的方式来回答“我们现在在哪里”的问题。当医生接受培训时，他们经常进行类似的案例研究，其中与一个病人有关的疾病症状和信息的列表成为大家的共享资源，实习医师小组对数据进行分析，进而提出一些深层次的问题，然后分享诊断治疗的可行性方案。教学案例研究与此相似。

一旦你与同事组建了合作小组，就要制订计划他们与定期见面。你们每次见面时，每位小组成员都带来一个学生的信息进行讨论。老师们经常会带着对学生的担心而来，自己的学生在学习上很难取得进展，而老师们想从其他人那里听取一些支持性意见。尽可能多地收集数据是很有帮助的，动态跟踪记录、作业样本、教学逸事的笔记、教学进度监控数据——那些与学生学习表现有关的、可以对小组有启示作用的任何数据。

要行动的话，就去走访那个教师小组，一次走访一个成员，以图表的形式把数据展示在布告栏里，如表 2.4 所示的三列图表中的前两个部分（也可参阅表 2.5 中的数据）。负责提交信息的教师标示和分享有着尽可能多来源的数据，首先突出的是学生的强项（优点），然后是薄弱之处（关注点）。接下来，小组成员讨论所提交的数据，并根据需要询问一些澄清性问题。然后大家一起，把关注点按优先等级排列顺序，以确定一个负责信息提交的老师应该考虑的可行性学习目标列表，以及一些可能有益的教学技巧的列表。

表 2.4 案例研究的样例表

优点	关注点	按优先等级排列的后续步骤
√较高的努力水平 √N 级教学文本，接近 O 级水平 √每分钟阅读单词数量 =120WPM √有人指导时可以识别高阶词汇 √偏爱非小说类纪实作品	• 抵制阅读 • 可能读得太快 • 有时出现无意义的错误 • 理解不一致 • 朗读时缺乏韵律和语调	1.致力于对阅读活动的监控，以注意到他的学习尝试没有产生意义的那些时候 2.增强词汇处理的优势，自我纠正那些无意义的错误 3.考虑为了措辞而放慢语速，以支持对意义的监控

在这个三年级学生案例研究的实际个案中，研究团队有好几个增长点需要考虑。最后他们做出决定，最好的问题解决办法应该是把教学重点按优先等级排列顺序，帮助这个小读者注意到他犯下那些没道理的错误的时候，然后指导他在注意到问题的时候运用自身有效的解读能力去解决它，而把其他的关注点留待以后再行处理。

老师们发现这种实际运用很有帮助，因为它给了他们这样的机会，即通过他们教学同行的眼睛来了解学生的需求，经常让人对数据产生更深入的了解，对学生也会有新的认识。与一个志趣相投的思想家群体探讨他们的教学决定，将会帮助他们看到自己清晰的教学目标与教学重点。

表 2.5　案例研究资料图的空白表格

<table>
<tr><td colspan="3">案例研究
老师：__________ 学生：__________
年级：__________ 日期：__________
1.聚集一群以解决问题为行动目标的同事
2.有定期会面的计划
3.每个成员要带来并提交一个学生的资料
4.要把关注点放在数据资料（正式的和非正式的）上
5.遵循这样的会话格式：先说优点，再说关注点，然后是有可行性的后续步骤</td></tr>
<tr><td>优点</td><td>关注点</td><td>按优先等级排列的后续步骤</td></tr>
<tr><td>首先，讨论这个学生掌握概念、技能和学习策略的迹象，以及以掌握知识为趋向的外显性学习行为</td><td>接下来，列出学生发展过程中会遇到困难的地方。你注意到的有哪些似乎是阻碍因素的困惑、误解或误入歧途的尝试</td><td>现在，以小组为单位，讨论数据，提出后续问题，并思考对这个学生可能会有所帮助的教学举措。把后续步骤按优先等级排列顺序并纳入行动计划</td></tr>
<tr><td></td><td></td><td></td></tr>
</table>

教学脚手架发挥的效力与教学重点的清晰度直接相关。记住，具体才产生效力。模糊的学习目标只会使得我们的计划迟滞不前，让我们遭受挫折，也会使得我们的教学偏离轨道——最糟糕的是会让我们的学生感到困

惑而无所适从。简单点儿说，如果连我们自己都搞不清楚的话，我们的学生就会犯糊涂。通常，我们把一个学生的无所适从误解为无能或抵制，其实问题在于我们脑袋里的那团糨糊。

那么，调整教学重点是第一张多米诺骨牌，它为教学脚手架定下了基调，并为它们的顺利就绪奠定了基础。要建设性地指引学生跨越最近发展区，我们必须对我们现在的确切位置以及我们具体要往哪里去的问题有清晰的认知。

只有这样，我们才能着手绘制出一条到达目的地的捷径。

建设性反思

1.回想以前未能按照你期望的方式进行的一节课，你的教学重点的清晰程度与成功的授课有着怎样的直接关系？

2.你能否回忆起一个这样的时候，即一个相关性教学目标（与直接切题式的教学目标相对照）使得教学效果打了折扣？

3.面对着一个很难取得学习进展的读者，在为你的教学重点精确定位的过程中，你找到的最有用的评价数据是什么？

4.反思你最近的一节课，一个非业内观察者能够辨识出你的教学重点吗？如果他被蒙上了眼睛呢？如果他戴着耳塞呢？

5.想出一个你觉得难以瞄准的学习目标，如果在你离开期间奇迹发生了，即当你回到教室时发现你的学生已经掌握了它，你注意到的第一件事会是什么？你会看到什么？你会听到什么？

6.如果你聚集了一些同行并且组建了一个案例研究小组，那它将会是什么样的？你会邀请谁？你将会把哪个学生的数据带给同行进行讨论？

第 3 章　瞄准教学重点：制订计划，紧盯目标

“自驾游！”

忆及大学时代，这代表的全部含义就是要和朋友们一起开启一个疯狂（常常是误入歧途的）又令人开心的周末。

一如既往，诸如此类的事情通常就这样开始了，只要我们中间的几个人聊起一个特定的地方或一个即将到来的活动，我们这帮人中很快就会有人大喊大叫：“自驾游！”什么问题也不用问，然后这事就成了。那个时候，有人喊一声“自驾游”，你就义无反顾地去了。我们总是知道我们的目的地、我们的目标，但实际上我们很少停下来想我们怎么到那儿，我们也不会去管细枝末节的事情。通常情况下，我们只会一拥而上挤进不管是谁的妈妈的车里就上路了——随随便便、无拘无束，只是相信自己会搞清楚沿途的细节。

不错，这就是昔日那些旧时光。

现在这样的事不会再发生了，因为我已经完全长大了。不过请别误会

我的意思，我仍然喜欢自驾游，不信的话你就去问问我任何一位朋友，但现在我的方法是不同的。彼时我们并不太关心我们在哪里逗留、吃些什么，甚至怎样才能到达那里的问题，很多事情我们根本不是有意为之。现在我的时间受到了限制，我往往要办理成年人的那些事——支付账单，回应有求于我的人，还有那些需要回去接着干的工作。作为一个成年人，这些事需要花费更多心思，所以我需要计划。

当忆及自己的教学生涯时，我几乎以同样的方式走向成熟。当我开始教学的时候，无论教什么就好像有人先喊上一嗓子“自驾游”——我会跟去，然后就出发了。记得我第一次教学生推断词义，那应是我参加工作的第一年，我所在教学团队的负责人宣布，三年级各个班级都要在未来几周时间内教学生利用课文中上下文提供的线索去推断词义。自驾游！对于自己要做什么我毫无头绪。我知道上下文的线索是什么，我对教学上下文线索时大概会遇到的情形也略知一二，最起码我非常兴奋。但除此之外呢？一无所有。

我们有了一个可以接受的开始（他们很幸运，在二年级就有了这样不错的开始），但不久我们就开始频繁地进入中途停车点，不是加油就是去摊点采购，还有其他干扰我们行程的随机事件，以至于我的大部分时间都在想方设法让大家回到既定路线上。我处于茫然之中，我知道我们要去哪里，但对怎样到那儿毫无头绪。

这种挣扎一点儿都不罕见。我经历了一番周折才幡然醒悟，尽管目标给了我们一个目的地，但就如何到达那里却没有做出筹划与安排。现在，我之所以能享受到自驾游的更多乐趣，是因为我掌握了有关出行和规划的基础知识，有效的支架式教学依赖于同样的方法。你的内置 GPS 确定了要往哪里去之后，就要与你现在所处的位置相比对，下一个该提出的重要问题就是：

• 到达那里的最佳路径是什么？

一旦利用对教学目标的精确认识与领会完成了对教学重点的精细化调整，我们就可以进行课程规划了。几年前，校区里的几位老师和我一起研究解决怎样才能更加明确地聚焦于学生学习需要的问题。作为员工专业发展计划的一部分，他们之前已经与我一起花费了数小时研究学生个体的资料以及案例研究小组提供的学生资料。当我们结束的时候，我很高兴地看到他们中间有几个人已经能够为那些最需要帮助的读者确定具体的学习重点了。让我更高兴的是，当天下午，其中的三名教师分别逗留在我的房间，都怀揣着类似的担忧："太好了，现在我明白了，对此有了清晰的认识。但……我如何才能让它发生呢？"

搭建教学脚手架过程中的一个关键性经历就是，在某一个时间节点我们终于到达那个可以询问最有价值的问题的阶段了："要达到教学目标，我如何对教学进行精心设计呢？"不知道孩子们需要学什么，也不清楚他们在连续体中所处的位置，"我如何才能让它发生呢？"

那么，你需要一个计划。

到达目的地：通过 5S 进程逐步让渡责任

提前准备会给我们一种方向感，也是我们努力瞄准教学重点的关键技巧。回顾第 1 章中我们对逐步让渡责任模式的探讨，其中我们所熟悉的"我来做/我们来做/你来做"的系列进程有助于我们将一个审慎的教学重点贯穿于教学活动始终（参见表 3.1），这种为我们提供支持的方式，它需要一个场所作为我们为学习者提供学习支持的最重要方式之一。当我们积极开拓一条穿越最近发展区的从 A 点到达 B 点的捷径的时候，从"示范"到"指导下的实践"，再到"独立实践"的先后顺序给我们提供了一个工作草图。该草图为我们努力搭建教学脚手架的活动提供了支撑，也给出了搭建教学脚手架活动的结构。

表 3.1　逐步让渡责任模式

教师责任		学生责任
示范 （我来做）	指导下的实践 （我们来做）	独立实践 （你来做）

鉴于此处我们的意图是从博学的他者的视角聚焦于搭建教学脚手架活动，我已经放大了逐步让渡责任模式的各个组成部分，这样我们就可以通过特定的镜头对它们进行审视。这个扩展视图被称作 5S 进程（表 3.2），建立在经典模型的结构之上，强调五个便于操作的步骤，突出了我们在推动学习者迈向独立的过程中所扮演的特定角色。为此，该视图中的几个动词——演示、分担、援助、维持和调查——表示了贯穿于逐步让渡责任进程中的博学的他者的行动。当然，学生也会积极参与到这一进程中，最终成为对学习目标负全部责任的人。但是，当与那些年幼的读者以及作者共处时，我们的自我角色意识将会提醒我们保持教学工作的目的性，并把注意力集中于教学的靶心目标。

表 3.2　5S 进程表

<table>
<tr><th colspan="2">教师责任</th><th colspan="2">学生责任</th></tr>
<tr><td>示范(我来做)</td><td colspan="2">指导下的实践(我们来做)</td><td>独立实践(你来做)</td></tr>
<tr><td>演示</td><td>分担</td><td>援助</td><td>维持</td></tr>
<tr><td colspan="4">调查</td></tr>
</table>

• **演示**——（示范教学/我来做）——教师做出示范并清楚讲解新的学习活动。

• **分担**——（指导下的实践/我们来做）——尽管学习者在很大程度上依然处于老师的控制之下，但是老师开始移交新学习活动的责任，大体上与学习者共同承担责任。

• **援助**——（指导下的实践/我们来做）——继续共同承担责任，老师在降低自己责任承担水平的同时支持学习者分担更多学习责任，并为他们提供必要的援助。

• **维持**——（独立实践/你来做）——老师创造各种机会并维持一种鼓励学习者付出努力、独立承担起全部学习责任的教学环境。

• **调查**——（评估）——在整个进程中——之前、中间和之后——老师处在持续评估、观察的状态之中，确保在学习者的最近发展区内扎实地开展工作，确保教学不偏离既定轨道，而且，要确保在全部进程中的每一个步骤都要让学习者承担起尽可能大的学习责任。

假定戴维斯女士想教会她班级的学生在脑海中生成心理意象以帮助学生理解，她可以在大声朗读几句后示范（演示）一个特定的可视化策略，当学生尝试在阅读一段普通文本过程中应用该策略时，请他们模仿她的行为（分担）。然后她可以稍稍降低自己所分担的责任水平，并在学生独自阅读或学习小组协同阅读过程中实践运用可视化策略时为他们提供帮助（援助），接着她继续为学生精心安排机会，让学生在没有她给予支持的情况下独立承担生成心理意象的责任（维持），直至最后她完全退出。在每一个阶段——不只是在末尾阶段——戴维斯女士将会一直检查学生的学习进展情况（调查），确保他们为下一个阶段做好准备，最终为独立承担学习责任做好准备。

也许逐步让渡责任模式与 5S 进程之间最显著的区别就是评估所发挥

的作用（调查）。因为它不是作为传统的 GRRM 序列中的一部分被明确挑选出来的——很大程度上是由于对该模式本身的各种误读和曲解——相对于模式中更受人重视的那些方面，评估经常被置于次要位置。其结果是，尽管作为逐步让渡责任过程中基本构成要素的评估有着其内在功能，但是在逐步让渡责任模式框架内对持续评估的探讨却很缺乏。鉴于此，5S 进程中"调查"这一环节突出强调了这一重要方面。因为它与敏锐观察有关，更具体地说，它与成为一名儿童观察者有关，调查涵盖所有形式的评估活动（参见第 35 页表 2.3）。我们很快就会回到调查这个关键性实践活动上去，深入了解如何做才能让我们掌握使得教学脚手架不偏离轨道的即时信息。

5S 进程中的五个行动，在引导我们有目的地思考自己在逐步让渡责任过程中各个阶段究竟要做些什么的时候，发挥着类似于规划图的作用。备课时，如果你正在为规划教学脚手架寻找方向的话，你会发现追问自己以下几个指导性问题是有帮助的：

- 我将向我的学习者具体演示什么？我究竟怎样才能把它解释清楚？
- 我将如何开始与我的学习者分担学习上的责任？那将会是什么情形？
- 在迈向学习上更高独立水平的过程中，我可以在哪些方面为学习者提供支持？
- 我怎样才能为学习者维持一个允许并鼓励他们践行独立性的环境？
- 我将如何调查以及什么时候调查教学过程中的有效性？我将如何知道调查起点？我将如何知道转向下一个层级调查的时间点？完成后我将怎样评估取得的成就？

回想一下第 2 章中我们那些学习在单词间跑垒的二年级小读者。在确定了教学目标之后（调查），我决定在引入重点短语之后马上就向学生示范我的教学意图:“现在请看看我在读这个单词时从头到尾是怎样跑垒的。”我用手指遮挡住单词,然后从左到右滑动手指,我用这样的方式向他们演示我想让他们做的事情,读的过程中我会暂停下来,以确保词首、词中以及词尾的每个发音与我所说的(演示)一致。我这样示范了几次,一边做一边检查,以确保他们明白我的动作示范(调查)。很快,我就请他们加入我的行列,与我一起朗读那些单词——发音时,我的手指指向单词的上方并从左向右滑动,他们的手指则指向单词下方做着同样的动作(分担)。一看到他们掌握了窍门(调查),我就抽回我的手,让他们自己去“跑垒”了,我只是站在一旁,准备在必要时再教他们怎么做(援助)。我们反复进行这个练习,直到看上去他们掌握了要领(调查),然后提示他们只用眼睛“跑垒”,而不再用手指点读课文,我依旧站在一边,以防他们遇到麻烦(援助)。在接下来的几节课上,我留心观察他们哪些遇到困难以及需要我提醒他们“跑垒”的具体时机(调查/援助)。后来,那些小读者需要我提醒的次数越来越少,所以我完全不用再给他们任何提示,后面几次与他们见面的机会则用以强化他们学到的新技能(维持)。最后的动态跟踪记录证实了我的信心不是空穴来风,那些小读者在拼读单词时能够独立匹配单词的读音了(调查)。

在表 3.3 中,请注意涉及与课程进程以及与之前探讨过的课程规划问题有关的有目的的课程决策行为。当你认真思考在搭建教学脚手架过程中需要采取哪些行动的时候,你会在表 3.4 中发现一个相似的规划图可供使用。我并不建议你在每一节课或每一次备课时都列出这样的图表。不过,当你面对一个难以理解的概念或正在努力改变一些很难取得学习进展的学习者的时候,我强烈建议你尝试一下这种列出表的做法。规划课程时把列表贯穿于整个过程中,即便是偶尔为之,也将充实这些问题以及你大脑储备库中对于这些问题的思考。当它们成为你与自己进行的内部对话的一部分的时候，你会发现你的规划活动变得更卓有成效，你的教学目标与学习目标直接相关的频率会越来越高。

表 3.3 5S 规划表

劳伦二年级小读者的 5S 进程	
演示 我将向我的学习者具体演示什么？我怎样对演示内容做出解释	做出以下示范：手指从单词左边滑到右边，核对意义的同时匹配出单词的发音
分担 我将如何开始与我的学习者一起分担学习责任？那将会是什么样的情形	邀请学生"跑垒"，老师的手指在上边比画，学生的手指跟着在下面比画
援助 在迈向学习上更高独立水平的过程中，我可以在哪些方面为学习者提供支持	在学生独立运用手指"跑垒"时为他们提供指导，直至最后不再用手指比画着"跑垒"
维持 我怎样才能为我的学习者维持进行独立实践的环境	在小组学习和个人阅读活动中，监督学生培养独立性
调查 我将如何调查以及什么时候调查教学过程中的有效性？我将如何知道调查起点？完成后我将怎样评估取得的成就	管理常规性动态跟踪记录，观察，并且对于读者的词汇处理策略，教师要坚持做好课堂笔记

表 3.4 5S 规划图空白表

按照 5S 进程进行规划 老师：__________ 教学目标：__________ 学生：__________		
行动步骤	考虑……	备注
演示	我将向我的学习者具体演示什么？我怎样对演示内容做出解释	
分担	我将如何开始与我的学习者分担学习责任？那将会是什么样的情形	
援助	在迈向学习上更高独立水平的过程中，我可以在哪些方面为学习者提供支持	
维持	我怎样才能为我的学习者维持进行独立实践的环境	
调查	我将如何调查以及什么时候调查教学过程中的有效性？我将如何知道调查起点？我将如何知道转向下一个层级调查的时间点？完成后我将怎样评估取得的成就	

在我们继续就建构区进行探讨时，我们将重新审视这个模式，寻求更多为该模式提供支持的工具。但就目前而言，从博学的他者的视角来看，该模式中的活动顺序深层次反映的是逐步让渡责任的发展进程，在我们有目的地绘制达到目标的最佳路径的时候，5S 进程可以帮助我们在“我们现在在哪里”与“我们要往哪里去”这两个问题之间建立联系（参见表 3.5）。

表 3.5　5S 进程——教学 GPS 定位系统的中心

<table>
<tr><td rowspan="4">我们现在在哪里</td><td colspan="4">老师的责任　　　学生的责任</td><td rowspan="5">我们要往哪里去</td></tr>
<tr><td>示范
（我来做）</td><td colspan="2">指导下的实践
（我们来做）</td><td>独立实践
（你来做）</td></tr>
<tr><td>演示</td><td>分担</td><td>援助</td><td>维持</td></tr>
<tr><td colspan="4">——→调查——→</td></tr>
<tr><td colspan="6">达到目的的最佳路径是什么</td></tr>
</table>

调查：运用持续评估的方式瞄准教学重点

曾经有过多少次，在刚上课时有一个相当不错的开始，但没想到上完课时却发现离题十万八千里。这种事情在我们所有人身上都发生过，因为澄清学习目标并且为之做好规划仅仅是个开始。富有成效的教学脚手架搭建者时常会监控自己的教学过程，这样就可以确保教学活动一直不折不扣地围绕自己确立的教学重点展开。为了瞄准教学重点，我们要坚持把评估活动贯穿于教学过程的始末——调查我们的教学效果，以确保我们一直处于正常的轨道上，也可以免除种种误入歧途之苦。

5S 进程的第五个原则“调查”提醒我们，在教学活动之前、教学活动进程中以及之后持续进行的评估至关重要，它可以确保我们的教学脚手架维持在正常的轨道上。尽管这当然包括我们评估学生时那些更为正式的方式，但它还包含教学过程中那些非正式的评估和观察手段。对于一些人而言，一些常见的可能性做法就是，等教完一个概念之后再去看学生的掌握情况如何，但如果那是你唯一的一次检查评估的机会，极有可能你会对结果大失所望。

可以确保你对教学脚手架取得进展的情况进行持续监控的一种方法是，有目的地规划出调查事情进展情况的几个时间节点，提前明了自己的检查方式以及检查时机，可以使你一直保持警觉，也有助于让你专注于教学重点。例如，与我共事的许多老师的一个习惯性做法就是，在开始进行小组阅读教学的时候，对一个学生做简短的动态跟踪记录（每节课要轮换成不同的学生）。你可以像在搭建教学脚手架进程中不同阶段之间进行的自如转换那样，轻松地在时间线上的一些特定节点进行检查，或把这种检查作为你例行工作的一个组成部分。

另一个对教学脚手架的有效性展开持续调查的实用方法就是，在教学活动中养成记笔记的习惯。对于你们中的许多人来说，这比听起来要难得多。当你开始这样做时，努力教学的同时记一些笔记可能会让人感到不太自然甚至很为难，起初肯定会变得有点儿乱，但随着时间的推移，你会形成一套适合自己的秩序和惯例。作为教学实践的惯常组成部分，要观察并快速记下你在整节课上所注意到的那些事情，这样的实际行动能帮助你把注意力集中于学习者身上以及他们对教学做出的反应上。

如果你仍然觉得这具有挑战性，那么与你持有相同观点的大有人在。记笔记成为我们勉为其难的事情的一个通常性原因就是，我们认为笔记必须记得完美。在这样的假定下，我们就会变得停滞不前。在这种情况下，明白这样一个道理对我们会有所帮助，那就是笔记既不需要追求完美，也不需要充满惊天动地的启示。你的笔记是给你自己记的，它们可以充实你的课堂教学，只要你觉得它们是有价值的，它们就是好的。

老师们记笔记也很难的原因是，他们如此专注于教学的互动方面，以至于在同一时间内他们总是不能处理好记笔记这样的实际行动。对于那些还没有养成在百忙之中做笔记习惯的新老师或任何人而言尤其如此。在这种情况下，你可以试着在课后的几分钟时间里快速记下一些灵光乍现的想法。随着时间的推移，怀着对这些时刻的期待，在教学时你可能会发现自己自觉不自觉地就记起了笔记，忙里偷闲中记一下笔记将成为你教学的惯常组成部分。

教师抵制做笔记的一个更根本的原因就是，他们不太确定笔记中到底要记些什么。为了帮助你更好地管理好书面记录，同时也为了使它们更有用，就要考虑对你记笔记时的具体关注点进行限制，并且要为你教的课程做出规划——把其他一切事情都搁置下来，在你的笔记和你尽力达成的东西之间建立直接的联系。可以追问以下这些问题：

• 我注意到的事物与最终目标有着什么样的具体关联？

• 我想记住的一个值得称颂的、趋向于最终目标的行动是什么？

• 我想记住的一个需要继续努力的领域是什么？

• 在进入下一个教学环节之前曾让我感到惊讶且在未来需引起注意的事情是什么？

在萧伯纳的戏剧《人与超人》中，一个人赞扬他的私人裁缝身上所具有的职业敏感性，那位私人裁缝每一次看到他都要为他丈量身体尺寸。就像那个裁缝的频繁丈量那样，评估活动在搭建教学脚手架过程中也是至关重要和循环往复的。除了检查和记笔记之外，富有成效的教师会抱着持续评估的心态来促进教学脚手架搭建过程的顺利进行。通过这种方式，我们就把评估内化为一种心态——一种系统、流畅的活动，成为我们与学生互动时不可分割的组成部分。每一次我们开始工作时，都要再次进行测量与评估，以看清我们所处的位置。

当我们推动学习者通过最近发展区的时候，通过持续评估与反思进行调查，可以使得我们在教学脚手架搭建过程中的各个阶段进行检查与核实，以弄明白我们是否需要在某个环节花费更多时间，或者再折回到前面某个环节，或者继续向前推进。在对学生回应我们教学的方式保持较高敏感度的同时，我们期待后续的那些可以把教学工作维持在正确轨道上的最有效的教学行为。我们一直守望着，不断地评估，持续地调查，我们的教学脚手架要依靠它。

排除使得教学脚手架偏离轨道的各种干扰

你有没有发现，开车上路时因为你拐错了一个弯，骤然偏离车载 GPS 系统导航路线的时候，不知怎的，仅仅几秒之后，那烦人的机器人语音提示就开始不断重复起来："重新计算……请依照既定路线调头……重新计算……请依照既定路线调头。"尽管那是个令人沮丧的时刻，但是令人感到宽慰的事情就是有人（或者说是有一台机器）在留神着导航地图并确保我们可以到达目的地。这是 GPS 系统最有用途的一个设计理念：在问过那几个初始性导航问题之后，比对现在我们所处的位置，弄明白我们要去的地方，然后为我们规划出最佳路线，并且一路上不断地询问，如果偏离路线之后我们该怎么办?

让我们正面这些问题：有时教学变得异常困难，我们会迷失方向，我们要想跟上异常艰难。当我们搭建教学脚手架时拐错了弯，这时就要依靠教学 GPS 导航定位系统纠偏以及帮助我们重新确立方向感。为此，我们需要持续调查我们的所作所为是否仍然与我们最初确定的学习目标有关。如果没有的话，我们很快就要让自己重回正确轨道，那么我们就可以再次直奔靶心而去。在这里，我们把注意力转向了小心提防那些使得我们不能专注于教学重点的让人分心的事物与种种干扰上。

不明确的时间期限

让我觉得异常有趣的是，教学目标很少随着任何类型的时间期限一起出现。 想一想，我们的州课程与国家课程关于教什么有着明确的规定，但是，除了惯常在年底设置的最后期限之外，并没有在何时教授这些内容上给出太多指令，这就有可能导致一些问题的出现。

例如，为了达到“阅读难度逐渐增加的文本”的标准，我们那些一年级读者被寄望在五月离校的时候阅读一篇J级别的文本。 八月，那个年终的J级别看上去是那么遥远，它只是我们雷达上一个小小的光点，但它正在向我们靠近，而且过来得很快。 如果我们没有为之做好准备，它就会偷偷地接近我们，当它偷偷地接近我们时，它必定会使得我们偏离正确轨道。

对时间期限保持清醒意识有助于我们瞄准教学重点。 我们主动追问自己：“如果我的孩子需要在五月前会读一篇J级别文本的话，那么在十月之前他们需要会读什么级别的文本？ 十二月和二月呢？”我和同事们发现，当我们朝着最终目标推进的时候，全程用一个个小目标标示出时间期限对坚持我们的目标是很有帮助的。

如果没有明确的时间期限，我们很容易浪费时间，信步由缰，偏离轨道。 为了适应这一点，在规划阶段可以追问自己以下问题：

- 达到这个目标我将需要多少时间？
- 达到这个目标我预计要花多少时间？
- 我如何监控才能确保我们一直按照进度进行？

失去目标

我们偏离教学重点的另一个原因是教学视野受到了限制。 这通常发生在课程规划阶段，但在授课过程中也会逐渐出现，有三种发生方式类似于我们有时候在视觉体验上所遇到的麻烦：

- **近视**：我们如此专注于眼前的教学举措，以至于忽略了远景规划。

• **远视**：对于大目标我们具有充分的意识，却难以协调可以使得我们达到大目标的那些较小步骤。

• **复视**：我们的视野变得模糊，我们可以看到多重路径，以至于在犹豫不决间选择不出明确方向。

几年前的一个夏天，我和二年级的几位老师坐在一起为第一周的词语学习模块备课。他们确定了这样一个课程目标：识别元音和辅音的不同之处。以这样一个看上去挺简单的概念作为开始，让人感到很轻松，当有人指出这是孩子们在一年级就已经达到的学习目标时，小组成员很快就做出计划，安排学习一首有趣的歌曲，希望能对学生区分元音与辅音有所帮助。

“听起来是个不错的开始，但且慢，”我提醒道，“元音与辅音的区别到底是什么？”

“嗯，a，e，i，o，u 是元音（有时 y 也是），其余的都是辅音！”他们言之凿凿地随声附和。

“是呀，”我打破砂锅问到底，“但是它们是如何不同的呢？”

这个近视的案例几乎将我们的教学重点弃之一旁。以前我们一直都心满意足于教唱这首歌曲，我们那些读者因此的的确确可以把元音识别出来（反之亦然，他们也能把辅音识别出来），但除此之外，他们无法告诉我们它们是如何不同的。而这些差异，如发元音时嘴巴怎样张开以及发辅音时嘴巴如何闭合，是高层次词汇学习目标的重要基础，而这些目标是学生将要在学年中晚些时候致力于达到的，诸如开音节与闭音节的比较，拼写时的元音结构模式，长元音相较于短元音在构建文本意义的解码过程中的差异。

当我们看不清楚的时候，就很容易迷失方向。对于教学目标的深度调研当然会花费一些功夫，但卓有成效的教学脚手架需要我们从各个角度去对它们进行探究，这样我们才能对教学进行精雕细刻，以便于给予学生最好的支持。

想一次教太多内容

“两点之间直线距离最短”的著名定理有助于解决几何问题，但是我们发现在搭建教学脚手架过程中直线的表现则让人相当困惑，这是因为穿越最近发展区的那条路径不是一个有形且平坦的表面。教学脚手架的搭建是一个极其复杂的过程，并且瞄准你要去的确切方向会令人心生困惑。通常情况下，你的学习目标将会与其他重要学习概念要么前后相随，要么彼此并行地相互交织缠绕在一起。要将学习目标整理分类可能会很困难，而且做不好的话就是另一种典型的偏离教学重点的方式。

我们常常浑然不觉的是，当真正需要做的是进一步缩小靶心目标的时候，我们却做出好高骛远的事情，这对我们来说并不稀奇。正如我的朋友海伦喜欢提醒我的那样：“我们正在搭建一个教学脚手架，而不是一座索桥。”当我们把目标分解为可管理的模块时，我们就能做到洞若观火，教学才能更有效地接近目标。

现在就拿概述小说主题这个一般性学习目标来说吧。乍一看，这似乎是一个再明确不过的目标，但当你对它进行深入探究时，你会注意到一个需要你关注的其他概念的时间期限。把它们视为一个大型教学脚手架内部的一些微型脚手架可能更易于被人理解。想一想让学习者能够概述小说主题所需要的所有搭建教学脚手架的活动，我们需要确保他们能够识别小说中的若干要素，比如人物和情节，保证他们能在读过的文本中识别出它们。此外，还需要教会他们把所有这些要素组合在一起并按时间顺序复述故事。一旦他们能成功复述故事，他们就需要通过压缩复述内容的方式学会概述主题，同时思考小说主题与作者的写作意图。

这可是个不小的壮举。所有这些微型脚手架（可能还有我未提到的更多脚手架）都需要我们进行讨论。教学脚手架上起点与终点之间的最短距离可能并不总是到达我们要去的地方的最快捷或最轻松的路径。要达到学习标准通常需要一系列互相协调的辅助性脚手架的帮助。当我们将这些通往大目标路上的小步骤按照重要性进行排列，并照顾到实现大目标之前其他那些需要达成的有着时效性的目标时，我们就会使得事情易于管理，我们的教学重点也一直会很明确。

面对学习需求时的不堪重负

我们可能会感到不堪重负的另一个时候就是，当我们面对学习者那么多的压倒性学习需求但又不知道要优先满足哪一个的时候。对于阅读与写作能力提升进展艰难的学生来说尤其如此——对于他们来说，什么学习需求都显得很重要。

几年前，乔希邀请我观察他任教的一个一年级学习小组。他寻求一些特定的反馈方式，可以让他在与小组成员共处的很短时间内使得他的教学尽可能有效。有了稳定的教学重点和清晰的教学计划，在上课伊始他得心应手。乔希与那些阅读水平最低的学生一起利用图词对照卡进行点读练习，所以我就寻找指向这一教学目标的明确证据。我注意到的是大量强有力的教学活动，但这节课看上去目标涣散，乔希与他的学生在图词对照练习上几乎没有花费多少时间。

课后，我们在一起观看我做的课堂观察笔记。在我的笔记中，我画掉了一部分，把他的教学重点标注在所涂笔记的上边："图词对照练习。"我问乔希他注意到了什么。"嗯，看上去我好像做得不错，我明智地停留在靶心目标上（之前他一直致力于那个靶心目标），我能与小组内每一个孩子一起朗读，并且每个人都在完成学习任务（之前他也一直致力于那些任务的完成）。但……这是什么呀？噢，看来就图词对照练习来说，我真的没有教给学生太多东西。"

“是的，”我说，“我也注意到了。你就说说这是怎么发生的吧。”

乔希接着讲述他为这个小组感到担忧的那些事情，以及每次他与学生在一起的教学方式。他在课堂上完不成教学任务，因为他们似乎那么急需帮助。他觉得自己一直在变换花样以满足他们在小组学习期间的需要，到头来却觉得自己并没有真正取得多大的成就。

“我想解决一切问题！”他说道。

毫无疑问你会感同身受，我们都有过这样的感受。为了帮助乔希，我建议他在小组学习规划活页夹旁边列出一个“延迟处理单”。如果他在进行小组教学时遇到了重要的教学需求，可以通过把该需求列入“延迟处理单”的方式减轻一些心理压力。除此情况之外，他就要坚持依照原计划组织课堂教学。之后，当他坐下来记录随后的一系列课程的时候，就可以利用那张“延迟处理单”为后续的教学步骤做出优先安排。过了几天，乔希过来告诉我说事情正在好转，他能聚焦于教学重点了，也不用再担心会忘记涵盖重要内容了。

“延迟处理单”运用于小组教学、整体课程时效果很好，甚至也可以用于个别会话。如果有什么让你感觉紧要且会使得你偏离教学重点的事情，就要考虑做出延迟处理的决定。是的，有一些令人困惑的事情确实需要立即解决，但大多数可以暂缓处置。贪图一劳永逸只会落得个偏离最终目标的结果。按照你的计划执行，稍后再去关照也不迟。

误把鸟行(Bird Walking①)当成教育良机

在早期对我进行的一次官方教学评估中，令我震惊的是我发现自己被扣分了，因为我的一个学生提出了一些使得课堂教学背道而驰的模糊不清

①译者注：该词汇为英语俚语，用小鸟蹦蹦跳跳毫无目的与意义指向的行为指代人们那些漫无目的且偏离目标的无意义行为。

的想法。在课堂观察后的讨论会上，我才知道对于这样的事件还有一个称谓。

“你让那个学生鸟行了你的课堂，”校长提及该事件时这样说道，“不要再发生这样的事情。”

“鸟行？”我反驳道，我相当肯定鸟行不是一件确实存在的事情，“那不是鸟行，那是一个教育良机！”接下来我发表了一篇精彩的、几乎可以摘取奥斯卡金奖的演说，讲述了正是我所做的工作才激发了学生的好奇心，也正是我的工作激励了他们去寻求问题的答案。我记不太清楚，但现在回忆的话，我甚至是站在那里用手指头戳着老天爷在一字一顿地强调。

也许只是为了结束我那慷慨激昂的演说，她做出了让步，调整了给我的评估级别。但随着时间的推移，我逐渐意识到她在两件事情上的判断是正确的：第一，鸟行是确实存在的一个事件；第二，多年前，作为一个年轻老师的我所极力辩护的那个“教育良机”其实就是鸟行。

然而，在我还没有接受这些判断之前的那些年间，在“教育良机”这个一本正经的幌子的后面，藏匿着我大量误人子弟、离经背道的课堂。但也确实存在着一个区别，那就是，只有了解到这种区别，才有助于你确保教学计划不至于在无意中遭人劫持。

其实，鸟行就是我们允许学生随意地发表评论、胡乱地提出问题和想法，使得教学重点发生偏离的那些时候。这种情况可能有点儿棘手，因为我们的的确确想培植学生的好奇心，我们也确实想留下足够的空间以备他们怀着一颗好奇心开启自己的探索之旅。如果搭建教学脚手架活动真的与我们一直在说的知识的共同构建有关的话，那么我们根据学生的需求实施教育难道没有道理吗？

的确有道理，但像往常一样，区别就在于我们背后的意图。我们必须保持一份清醒与警觉。简单点儿说，真正的教育良机在满足学习者的需求的同时还要为教学脚手架的重点提供支持，并使得该重点更加突出。

鸟行则会尽一切可能使得你偏离教学重点。

过早移除教学脚手架

尽管我们的初衷是好的，但有时候我们课堂上的教学重点甚至连错失的机会都没有就胎死腹中了。我知道这可能会让人感到困惑，因为隐藏在教学脚手架背后的基本意图就是在学习目标一旦达成的时候就将它们拆除掉，事实就是如此。在不必要的情况下，我们不想在教学脚手架上逗留太久，但我们也不想在工作还没有完成之前就将它一拆了事。

很多时候，我们一看到学生取得了成功，就开始回撤教学脚手架(为了让渡学习责任，我们应该做的事情)，然后，在越来越强烈的胜利感的推动下，急匆匆的我们就放松了注意力——那么教学脚手架就分崩离析了。具有讽刺意味的是，这正是我们要紧盯教学重点而不能放松的时候，我们距离目标只有一步之遥了！

离球门越近时，越是要小心不要失球。当我们发现不得不重复之前的那些教学步骤，以便找出在通往原以为已经掌握了的学习目标的路上故障在哪里发生时，我们的困惑会让聚焦于教学重点以及纠正问题变得困难起来，最终我们会落得个完全错失靶心的结局。

只邀请一途

前面乔希邀请我就他的课堂教学给出反馈，这提供了一种强有力的方式，使得你可以小心提防各种干扰因素并把握好教学重点。“三个臭皮匠顶得上一个诸葛亮”，当我们邀请他人的一双眼睛帮忙监督我们的工作的时候，我们的视野就会变得清晰得多。

假如你发出了邀请，我所认识的每一个识字辅导老师都会抓住机会以这样的方式来帮助你，并且是提供建设性的帮助。假如没有辅导老师或者你根本就没准备好找一个辅导老师的话，那么找一个值得自己信任的朋友也未尝不可。我曾经工作过的一所学校坚持一种被他们叫作“漫游”的做法，即老师们可以在教学楼上来回走动，彼此之间可以有目的地互相观摩课堂教学的一种传统。即便你所在的学校并没有定期漫游的安排，我想你仍然可以发起同事间巡回观摩课堂的活动，一旦你就课堂观摩的程序以及背后的目的做出解释的话，大部分教学管理者都会毫不迟疑地支持你。

不可否认的是，请别人进入课堂观摩教学，对于有些老师来说可能会是一件让人局促不安的事情，但是要尽力保持一种开放的心态。许多老师抵制这种方式，因为他们担心观摩者会把注意力放在他们工作中出现的瑕疵上，但只要像乔希那样点明他所需要的反馈信息，为观摩者提供一个清晰的目标，就有可能弱化那种担忧。例如，为了指引别人帮助自己紧盯教学重点，你可以使用下列问题：

- 你可以通过观摩我的教学活动而判定出我的教学重点是什么吗？
- 我的每一个教学步骤总是与教学目的有关吗？
- 你注意到使得我偏离教学目标的一些事情了吗？

在一个有组织的、支持性的专业环境中开疆拓土，同事的观摩将会是有助于你澄清教学重点并保证它不发生偏离的有效途径。

当我们明确了教学活动的方向，学生从老师这里需要学习的确切内容，以及我们要把学生带往哪里去的精准定位时，我们就已经迈出了搭建强有力教学脚手架的第一步。

进行教学规划时以及课堂教学过程中紧盯教学重点，不仅能让我们把注意力集中在搭建教学脚手架活动中的教学方面，还能让我们的学生参与到搭建教学脚手架活动中的学习方面。我们越简洁，学生就越能在老师的指导下靠近学习目标。我们越不简洁，他们就会越迷惑。

但即便有了最好的打算——一个好的计划已经准备就绪，也有深思熟虑的按照计划路线行动的想法——我们在路上也会遭遇意想不到的障碍，事情会失败，问题也会出现。有时，我们精心设计的路线也需要调整。

在下一章中，我们将讨论把灵活性引入教学重点中，这样我们就能清楚这种情况何时发生，什么时候需要改变路线。

建设性反思

1.你能回想起由于自身计划不周而直接导致一节课偏离轨道的时候吗？你有何感受？学生又有何反应？你本来可以有什么不同的做法？

2.你如何监控自己是否偏离了教学重点？你可以安排什么样的例行程序来帮助自己留神离题的问题？

3.作为传统的逐步让渡责任模式的一种强化表达，本章论述了5S进程的理念。这两种安排形式在哪些地方存在相似之处？二者的主要区别又是什么？这两者又是如何相互结合、相互依存的呢？

4.5S进程中调查这一环节建议你要以一种将评估贯彻始终的不变心态组织课堂教学。对于你个人而言这意味着什么？为了让持续进行的评估更具有意向性，你应对课堂教学进行哪些调整？

5.这一章的结尾探讨了会使得我们偏离教学重点的一些干扰事项。其中，哪一项最能引起你的共鸣？哪些障碍会促使你围绕着它们进行较为深入的自我反省呢？

6.如果你邀请一个课堂观摩者就你的教学重点提出反馈意见，情况将会怎么样？ 你已经有了一个可以为你提供支持的朋友或能够帮助你做这件事的识字辅导教师了吗？ 如果没有的话，是什么因素阻止了你邀请他们参与其中？ 如果有的话，你又可以把谁确认为可以为你提供支持的同伴并让他为你提供咨询意见呢？

第二部分　弹性教学

为了满足学习者的具体需求，不仅我们的教学脚手架要与教学重点紧密结合，具有反应快和有组织的特征，而且我们要把握好恰当时机对其进行调整。

第4章　灵活的教学设计：以开放的心态进行教学规划

在不同的情形下，教学效果因人而异。对我们当中的一个人来说是有效的，可能并不适合于隔壁的那位老师，甚至也不适用于明年的学生。同样的教学举措可能对我们班中的一半学生有用，但对另一半则无效。这完全取决于谁在组织课堂教学，谁在学习，以及他们在教学活动中的合作方式。

这是大家早已经清楚的事情。

尽管如此，还是要有如下考虑：从本质上说，搭建教学脚手架是一种人际间的努力——并且人类是复杂的生物。回想一下搭建教学脚手架最初是如何诞生于社会建构主义理论的，它取决于两人或更多人之间的社会互动，参与者围绕着某个特定概念共同努力构建意义。尽管这听起来很简单，但事情可能会变得相当复杂。我们所有人，无论是老师还是学生，都带着教和学过程中的那些过往经历的得失成败的烙印，以及我们各自的臆断，还有我们的成见。我们还受到欲望、动机、需求、匮乏、文化、希望、恐惧的驱使，所有这些都不是有形的实在，这就使得想把搭建教学脚手架硬塞入一个“放之四海而皆准”的盒子里的任何企图都变得近乎不可能。

此外，搭建教学脚手架活动涉及基于所有这些事情之上的师生关系，但是对师生双方任何一方来说，插入一个可能是重点又可能不是重点的教学目标，就增加了风险。再考虑到严格的时间限制以及各种各样的你应该如何达到教学目标的外部意见的话，问题就出来了。

针对以上问题，教学脚手架是有机的整体，它在个性特点、新发现的学习需求、即时信息和师生间每一次连续互动的基础上搭建并获得完善，它要根据顺境与逆境进行调整，它在紧随教育时机伺机而动的同时还要与教学目标保持一致。

它可大可小，可简单可复杂，既巧妙又麻烦——所有这些都并行不悖。

这就为搭建教学脚手架的第二个一般性条件奠定了基础：

基于学习者的特殊需求，有效的教学脚手架要具有灵活性。

当我们有着鲜明的教学意图，又做出了灵活的组织安排时，我们的教学就是最好的：我们知道要往哪里去，也有一个计划，但必要时我们也允许走弯路，同时要紧盯教学目标。我们可以在附带旅行的同时仍然惦记着旅行路线图。我们可以在某些地方逗留，欣赏美景，却不会偏离轨道。如果我们心意已决，甚至可以延长或者缩短这段旅程，并且仍然会开心地度过一段美好的时光。

我们可以兼顾两端。

搭建教学脚手架是以这种权衡为根基的。一旦我们确定了教学重点，就可以精心编排课程，保证实际教学活动所需要的既要有组织又要有弹性的优点。按照计划谨慎行事，我们可以采取应景的果断举措，在不同的发展方向为学生的学习提供最好的服务，与此同时让我们的努力与我们的预期目标建立明确的联系。

在本章中，我们将探讨把教学脚手架应用于教学设计活动中的灵活性，在接下来的章节中，我们将进一步探究课堂教学活动中的灵活性。

灵活规划：量体裁衣

还记得我像去自驾游那样根据上下文提供的线索教三年级学生做推论的不幸经历吗？ 那时我把握不住教学重点，做事毫无头绪，异常勉强地把学习活动维持在正常的轨道上。

在我摸索着上完那节课之后(还有更多类似的课堂)，一种结构化的教学理念最终取代了焦虑和完美主义，这种理念不会给中途停顿或教育时机留下任何空间。 不会有漫无目的的信步由缰，不会有探索前行，也没有不确定性。 我有自己的日程安排，不管喜欢与否我们都坚持按照日程安排执行。

我的课堂教学的结构化之路走上了矫枉过正的歧途。

那实际上也没起什么作用。 在极短的时间内，几乎每个教学日都遭遇到的那些跌宕起伏彼此互为抵触，使得我精心安排的计划戛然而止。 我很快就意识到，受到极其严格限制的计划在某种意义上就是一件大煞风景的事情。

看起来折中方案较为合适。

学生、班级和学习需求每年都有所不同。 学习者或学习群体根本不需要同等程度的支持，也不是每个学习目标都需要教学脚手架的助力才能达到某一个等级。 条条大路通罗马，为了给学生提供有效的支持，我们必须拓展假设空间，接受新的可能性。

在建构区，我们应学会灵活变通的最重要的一个地方是在行动的初步阶段——准备和规划阶段，这为整个过程设置了场景。在规划教学时，我们要仔细考虑各种选项。我们肯定想考虑对我们而言那些过去已经证明很成功的教学举措，但我们还是要保持一种开放的心态，去尝试各种各样的教学技巧，去接触不同的教学理念。有了它们，工作才可以做得更好。

写作老师兼顾问杰夫·安德森喜欢说："这是教学脚手架，不是一件紧身衣。"那么，至关重要的事情就是要为灵活变通留下足够的空间——这些灵活变通体现在我们身上，体现在我们的思维之中，体现在我们搭建的教学脚手架上。当你接着读下去的时候，考虑一下你设计课程的不同方式以及你搭建教学脚手架的方式是如何体现灵活性的。

针对绝对性的灵活思维

当我们提出刚性要求的时候，事实上就限制了教学脚手架在学生学习过程中所发挥的作用。生活中几乎没有什么事情是黑白分明的，与此相反，大多数事情会处于黑白之间的某个灰色地带——对于教学活动来说这也是千真万确的。要想破坏你的教学脚手架，最快捷的方法就是工作时秉持着那种"非黑即白"的思维模式，比如：

- 我一直这样教……
- 跟学生把这个讲清楚的唯一途径就是我是否……
- 孩子们绝不会……

在这些例子中，请注意绝对思维是如何扼杀掉其他选项的生存空间的。

当你规划教学时，请认真剖析你使用"一直""唯一""绝不"这些词语时的思维方式。它们可能是你用狭隘视野看待事物的危险信号，而狭隘视野限制了教学脚手架所发挥的作用。取代狭隘视野的是，要追问如下问题：

- 做这件事还有其他(或不同)的方法吗?
- 哪些选项可能会更有效?
- 我可以向谁请教更多的想法?

绝对思维的有趣之处在于:大多数时候,我们甚至不知道自己采取了绝对思维支配下的行事方式。多年来,我教小读者这样注意首字母提供的视觉线索:“看着首字母,想一想是什么时才讲得通。”我从未想过,可能会有一种更有效的方式教会学生掌握这些东西。我不是固执,只是认为那是让学生理解我所讲知识点的最佳方式。确切地说,直到我观察隔壁那位老师时事情才有所改变。

当我观察她教学生掌握同一知识点的时候,她的措辞有所不同:“发出第一个音来,想一想是什么时才讲得通。”差别看上去很细微,但在措辞上发生的轻微转变却使得事情变得大为不同。试想一下,虽然涉及破解如“cat”“park”与“take”之类的单词时,利用首字母是一种有效的技巧,但是当读者遇到如“ship”“these”和“chair”这些词汇时,就是与直觉有违的情况了。在这里,他们需要思考的是发音,而不是字母。当然,在最低级别的文本中,关注首字母往往就足够了,这时结果可能不会有什么大的差异,但最终结果是我希望读者能够破解含有字母组合发音的那些单词。就拿读单词“ship”为例,一次只读一个字母的学生,和一个习惯于寻找词首发音,因而能更有效地发现字母组合“sh”读音的读者相比,就存在着巨大的劣势。“注意词首字母”的课堂提示与“注意词首发音”的课堂提示,二者间的细微差别虽然只是在一个细微之处改变了我的课堂教学,却有另一番持久的含义。更进一步说,如果我坚持自己的行事方式而一意孤行的话,就不可能看到其他的可能性,也许我永远不会注意到这种细微差别。

可能会对我们的教学脚手架造成破坏的另一种绝对性教学规划的形式是极性思维。你有没有注意到，有人将自己持有的教学理念丝毫不差地贯彻到自己的教学活动中去。这与大选之年那些爱争吵的政党有什么差别？列队进入他们的阵营，除了自己的理念之外，他们回避任何一种思想观念：

- 语音相对于意义！
- 每分钟阅读字数相对于阅读的节奏和措辞！
- 简单文本的沉浸式教学相对于挑战性文本的精读教学！

对告诉你诸如“你必须一字不错地这样去教”或“这是唯一的施教方法”的那些教育项目或学校领导要格外小心，极性思维本质上属于非此即彼的问题处理方式，它会使得我们忽略掉其他可能更有效的选项。当你规划教学脚手架时，如果能持一种兼容并蓄的开放心态的话，你会取得更多成功。例如，我们可以在教会学生流利阅读的同时，让学生拿捏好阅读的速度和节奏，坚持让学生把语音和意义运用到解读课文的过程中，并通过阅读简单的文本以及挑战性文本的经历培养学生的阅读能力。在搭建教学脚手架的过程中要做到灵活变通，我们就必须考虑与我们不同的其他观点，并为它们预留下一定的空间。难道我们的学生不是应该学会得越多越好吗？

从事这样一种有着众多事务缠身的职业，我们往往会倾向于绝对性——无论是有意识的还是无意识的——因为它们能让我们感到宽慰。由于它们很少挑战我们那些先入为主的观念，让我们在做出教学决策时看上去较为轻松，莫名其妙地会让我们觉得自己做得很好。但正如瑞奇·路德曼提醒我们的那样：“这与我有多好没什么关系，这与我如何满足你的需求有关。”（路德曼，2011）尽管绝对性能提供一些一切尽在我掌控之中的错觉，但极性思维与灵活性是完全相反的对立面，它会窒息我们的教学脚手架，阻止我们看到那些为学习者提供帮助的新方法。

针对资源的灵活思维

我们在规划教学时，需要弄清楚的两个主要构成部分是，将要进行的活动以及为活动的进行提供支持的那些教学资源。这两者中任何一个方面缺乏变通，都可能会阻碍工作的正常进行。年复一年，我们都有一些重复接触的特定教学资料，但当我们偏爱之前那些实践证明可靠的、对我们教学有效的教学资料时，我们就会变得异乎寻常的死板。

资源板结的一个明显标志是，在学习目标以及学生与学习目标如何联结的问题还没有落实之前，就去选择教学资料以及教学活动。当我和老师们一起备课的时候总是广开言路，以确保我们不会因为对某一特定资源的偏爱而出现本末倒置的现象。这种情况经常发生在我所谓的“循环利用课程”上，当你一听到自己说“这是我们去年用的……”时就要停下来反思了。它去年发挥过作用，并不意味着今年的学生也需要它。同样的，当你规划课程时，首先要做的就是细心地澄清课程目标，因为这将关系到前面探讨过的相关性教学与切题式教学的区别。如果你选择教学资源是出于偏好或偏见，而不是反复核对以确保它们与教学目标的直接相关性，那么你很可能会犯下本末倒置的无心之错。为了灵活规划教学脚手架，你在开始选择教学资料和活动之前，就要确认学习目标，并弄清楚学生在哪里与目标有关系。

还要谨慎对待你在对教学资源进行取舍时的任何偏见。你每年都在用同样的大声朗读的策略吗？你每年都在教学生相同的推理课吗？我并不是说你的那些偏好是无效的，相反，我所支持的是在使用它们时要有意向性。要追问这样的问题：“尽管我的确很喜欢这个活动（或资源），但它与学习目标是直接相关的吗？它是否能够满足学习者目前的具体需要呢？”

在教学资源上践行灵活性的另一种方法是，我们要对摆在学习者面前的东西具备更强的识别能力。经年累月，我们积攒了一摞摞关于课程理念、教学资源和教学技巧的文档。每一年，我们都会获得更多诸如此类的文档。如果你和我一样，你的档案柜就会因为装不下那些不舍得丢弃的旧资料而爆裂开来，办公桌四周也堆满了你想要尝试的新东西。在此情况下，作为老师该做些什么呢？要有所取舍！资源无论新旧都会物有所值，如果它们有价值，那就继续保留下去。但是不要仅仅因为你已经拥有了这些资源就接茬使用旧资源，也不要因为它是新事物就信奉其必定有不可思议的效果。做一个有心人的同时还要有一双挑剔的眼睛，永远要反思你的教学资源和教学活动的质量，这样你就能学会灵活地取舍。

针对小组规模的灵活思维

并不是所有的学习者都需要相同数量或同等程度的支持，所以你在安排学习小组的规模时也需要有灵活性。根据教学目标和学生的不同，一些教学脚手架可以在以全班为授课单位时发挥功效，有些则适合于较小的学习小组，而其他教学脚手架则更适合于一对一的教学安排。一般来说，小组规模越小，你搭建的教学脚手架就越有效，因为你可以在更好地满足学习者学习需要并保持较高参与度的同时，密切监控学习者的反应。

当你在设计教学脚手架时，要接受这样的可能性，即在你搭建教学脚手架的进程中，一些教学目标的达成可能需要有意识地转换学习小组的规模。例如，你可以给全班学生就如何分段做出示范，然后通过小组支架式教学分担和援助的那部分功能吸引学生参与并完成教学任务。随着班级学生距离独立学习的目标越来越近，你可能会注意到一些学生需要跟进式指导，并继续利用教学脚手架促进他们对分段的理解。同样，灵活变通是关键。

我们可以根据无数的变量，在以班级、单个学生或学习小组为单位的教学情境中，为处在建构区的学习者搭建合适的教学脚手架。当你浏览表4.1时，请注意5S进程是如何跨越读写模块并为学习小组提供各种选择的。

表4.1　跨越读写模块过程中的责任演变

教师责任			学生责任
演示	**分担**	**援助**	**维持**
			自选阅读
			自主阅读
		文学小圈子	
		阅读反应日志	
		阅读讨论会	
		指导性阅读	
	分担式阅读		
	自言自语式范读		
范读			
大声朗读			
			独立写作
			同伴讨论会
		写作讨论会	
		指导性写作	
	互动式写作		
	分担式写作		
微型课			
模仿写作			
——→	**调查**	——→	

你如何确定某些内容最好以班级为单位整体授课，还是更适合小组教学或单独授课？为了帮助你做决定，你可以考虑学习目标是否接近80%/

50%/10%的近似值。这个粗略的估算可以帮助你找出最需要你的帮助的人。比如说，加西亚夫人担心她的三年级学生在书面作文中未能有效地使用结束标志语。如果更仔细地评估形势后，她意识到大约有 80%的学生在使用结束标志语时很吃力，那么她大概就要考虑为全班学生搭建教学脚手架。如果大约有 50%的学生有困难，那么她可能就要考虑分小组教学，以培养这种能力。尽管她最初心存忧虑，但是发现实际数字只是接近 10%，那么她最好在个人层面为达成学习目标而搭建教学脚手架。

重要的是，要注意 80%/50%/10%的近似值不是一成不变的，这些数值并不是绝对的。它们只是帮助你思考如何更有效地规划某些教学脚手架的指南。我也支持你用这个经验法则来践行灵活性。

针对时间的灵活思维

如果你领会了所教年级的所有学习目标，并把它们按照整个学年的教学天数均分的话，你注意到的第一件事将是，这根本就行不通。不同的目标需要花费的时间长短和精力多少都不同，所以对于我们为帮助学生而搭建的教学脚手架需要部署多长时间这个问题，我们必须一直要具有灵活性。

一些教学脚手架是短期的，周转时间快，截止时间短。通常我们在很短的时间内就能教会学生这些能力，如把字母 a 写下来，为了措辞表达而在有逗号处停顿下来，在拟就写作草稿阶段快速写下一些熟悉的词汇。然而，更常见的情况是，教学脚手架的搭建是一个随着时间流逝而逐渐成形的过程，在众人能见到全貌之前，我们需要长期正确拼凑一系列集成拼图。这可能需要我们在纠结于事情真相的时候做出一些调整，特别是当我们开始认真考虑某个学习目标的本质时，才会意识到需要预先解决搭建几个较小教学脚手架的问题，否则整个教学脚手架就会轰然倒塌。

为了实现这些目标而搭建的教学脚手架，诸如为了语句清晰而修订草稿、分析人物关系，或者将意义、结构和视觉线索与自律性融合在一起，它们无疑将会花费更长的时间。例如，一组教师吃力地帮助学生在阅读时尝试对文本进行注释，并意识到这种宽泛的策略需要几年时间才能产生实际的教学效果。为了达到这个目的，每一个年级的学生都应掌握该项能力的一个具体片段，再与之前那个年级部署过的教学脚手架叠加在一起。随着时间的推移，他们的读者就获得了在阅读时识别重要信息以及略记笔记以保存自己想法的优势(费雪和弗雷，2012)。

当你确认教学目标时，要考虑一下需要多长时间来达到这些目标，为短期的与长期的教学脚手架之间的差异留下空间。然后，考虑一下可以满足学习者需要的这些时间期限，并据此精心打造相应的教学脚手架。

拆解教学脚手架

除了要对教学资源、学习小组的规模和教学脚手架的搭建时间保持开放的心态之外，你还需要在教学脚手架保留多长时间的问题上具有灵活性。记住，设计教学脚手架只是出于暂时性考虑，它们并不是永久性结构。相反，通过逐步让渡学习责任程序性安排的每一个阶段，我们是在逐步拆解所搭建的教学脚手架。伴随着学习者掌握程度的顺向位移，我们需要把教学脚手架一点点拆卸下来以配合学生独立性的进一步提升。当我们最终看到有证据表明搭建活动已经完成，学生完全掌握目标的时候，我们就要移除最后的支撑物，并把教学脚手架全部拆除。

但是，当我们缺乏这种拆除意识的时候，往往会把教学脚手架保留得太久。由此就会带来一种风险，即学生一直得不到独立学习、自力更生的机会。作为结果，学生要么不能独立学习，要么失去学习兴趣。在最糟糕的情况下，这些永久性教学脚手架最终会阻碍学生的进步。想一想一个四年级学生还在用手指点读，这是多少年前遗留下来的教学脚手架呀？这种行为继续下去（它已经成为习惯）的话，实际上就是在抑制孩子的措辞表达、阅读节奏和速度。因为之前没人去操这份把教学脚手架拆下来的心，曾经以帮助这位学生为目的的教学脚手架现在却发挥着相反的作用。当这种情况发生时，让学生回到正轨上将会是一件非常困难的事情。

哈维·丹尼尔斯(2002)在《文坛》再版时谈及教学脚手架在早已过了"保质期"之后仍然被保留的问题。他在书中警告，在读书俱乐部和阅读小组中过度使用角色表可能会适得其反。当老师们忘记了自身目的，把这些暂时的、过渡性的支持手段保留得太久的时候，他们就会无意中扼杀了他们的文学小圈子的读书效果。丹尼尔斯把自己的担忧诉诸笔端："原本被设计为可以提供临时支持以帮助同伴主导讨论小组开启学习之旅的手段，事实上可能会破坏它原本应该支持的活动。"（第 13 页）

当你着手设计教学脚手架时，要围绕着何时将它拆除的问题进行灵活处理。在规划阶段，就要通过追问下列问题来制订一个拆卸方案：

- 如何知道我们做好了从逐步让渡责任进程中的某一阶段过渡到下一阶段的准备呢？我要寻找什么表象？
- 我怎么知道什么时候可以彻底地抽身而出，让学生真正承担起独立学习的责任？我需要什么证据？

你所提供的支持手段一定不要成为课堂上的永久固定装置。为了达到这个目的，我们必须确保所搭建的教学脚手架不要滞留太长时间，滞留太久的话无意之中就会对我们的工作造成危害。

"脚手架"与"搭建脚手架"

读这本书的时候，你大概已经注意到我一直在使用"脚手架"（scaffold）这个词，既用作名词又用作动词。① 在这一点上，我想更明确地关注名词意义上的"脚手架"，这是要做出的一个重要区分，一个是抽象的，另一个则更显具体。

搭建脚手架是我们做的一些事情，目的是让学习者跨越最近发展区，从A点过渡到B点——我们采取的那些决定性的、有目的的行动，可以引导学生走向独立。而脚手架是我们为了实现目标而部署的临时性工具、结构性安排和构件。

当你在教学设计中践行灵活性时，需要考虑这些支持性手段以及它们是如何巩固教学活动的问题。为了清晰起见，我们将围绕着你很可能感到熟悉的三种学习类型组织关于脚手架的讨论。

听觉型：学生听或者说的教学脚手架。

动觉型：需要触觉或肢体活动的教学脚手架。

视觉型：学生看的教学脚手架。

好消息是，当你的孩子需要帮助时，很可能你已经开始利用这些方法时不时地施以援手。毫无疑问，你早已利用你房间里各个角落的可视教具帮助他们独立学习了，而且你可能并不陌生的是为学生提供操作性的具体体验或者引入可以让学生有肢体参与的活动。

尽管如此，还是要记住我们的目标是提高我们对教学决策的认识，让

①译者注：在原文中，"脚手架"与"搭建脚手架"为同一个词"scaffold"，这个词既可作名词，也可作动词。

我们深入了解这些工具和使用它们的意图。当我们这样做的时候，请记住这三种类型并非详尽无遗。例如，像以不发音字母“e”结尾的相对开音节中元音字母发字母名称音之类的支持性描述，或者诸如编辑时使用首字母缩写词 COPS（大小写、语法结构、标点符号和拼写，四个英语单词即 capitalization，organization，punctuation 和 spelling 的首字母的组合）之类的记忆方法，肯定有资格成为众多孩子学习时有用的教学脚手架，即便它们没有被这里罗列的教学脚手架的类别囊括进去。即便如此，听觉型、动觉型和视觉型看起来都是最突出的教学脚手架类型的例子，因此我们将这些脚手架作为展开理论探讨的基础。

听觉型脚手架

我所在的得克萨斯州，人们会跳两步舞几乎就是预料之中的事儿。对我（还有学舞过程中好几个满腹牢骚的舞伴们）来说，很不幸的是，努力了好几年才学会了大名鼎鼎的两步舞。最后，一个朋友说：“特里，要这样跳：慢，慢，快，快！慢，慢，快，快！”我俩大声重复着：“慢，慢，快，快！”折腾了好几次后，我终于弄明白了其中的诀窍，而且可以轻松起舞了。对我来说，这是一种效果良好的支持性手段，这么多年之后，如果我随着一首不熟悉的曲子起舞时，还会发现自己脑海中那“慢，慢，快，快”的回响，直到找到鼓点并跳稳舞步为止。诸如此类用于吟唱的听觉型脚手架，口语描述笔画，习惯用语，甚至是号召学生采取行动的教学提示和暗号，都可以作为课堂教学的小小点缀，它们可以产生巨大的影响力。

在第 2 章中，我们探讨了重点短语以及它如何帮助我们把注意力集中于手头的任务上。但是，除了将重点短语运用于课堂引入之外，还可以赋予它新的使命，让它在更大范围内发挥作用，即把它用作听觉型脚手架，不断提醒学生回忆之前教给他们的一些重要概念。例如，当我与写作入门者一起写作时，一个频繁出现的被用作听觉型脚手架的重点短语就是“只有必要之处才用大写字母”。这句重点短语可以让那些为数不多的、仍然分不清大小写字母的写作者记住，通常情况下我们用的是小写字母，除非有很好的理由时才不用。

但是，听觉型脚手架可以为学习者提供的帮助要远远超出那些易记的重点短语所发挥的作用。我最近帮助了一名老师，他的一年级新生要按照从无声到大声叫喊的校园要求把握嗓门大小的变化。为了达到这一要求，我们想出了一个听觉型脚手架，它还有支持流畅度、从左向右的话语扩展、常用词(I，can，at，a)练习以及为文本配音的附加好处。在分担式阅读过程中，学生们在朗读下面的句子列表时练习辨别说话嗓门高低的细微差别：

1.我会用 4 级嗓门讲话。

2.我会用 3 级嗓门讲话。

3.我会用 2 级嗓门讲话。

4.我会用 1 级嗓门讲话。

5.我会用 0 级嗓门讲话。

在朗读每一行句子时，小组中的学生就按照相对应的数字降低音量级别。当到了 0 级嗓门(无声)时，他们就一边默读词句一边点头。很快，学生们就慢慢习惯了嗓门大小高低的变化。几天后，当老师提醒说在图书馆里要用 1 级嗓门讲话的时候，他们每个人对自己该怎么做都心中有数了。

在学生离独立学习的目标越来越近的时候，听觉型脚手架可以在很多方面为他们提供支持(参见表 4.2)。尽管最初听到的这些支持性手段是搭建教学脚手架活动中反复出现的外部对话，但它们最终会成为学生独立学习时内部对话的一部分。

表 4.2　听觉型脚手架的更多示例

教学重点	听觉型脚手架
字母表的顺序	演唱——那首经典的字母歌
字母形态	口头描述字母笔画(写 g 时口头描述“画圆,上行,下行,弯钩”)
措辞与节奏(流畅度)	复读——教师做流利阅读的示范,学生跟读
区分“oo”的两种发音	极度夸张的兴奋“oo”,然后是极度夸张的厌恶“oo”
写说明文时添加细节描述	重点短语——“引入实例支撑我的中心论点”
为意义而阅读	提醒——“记住,当你阅读时要确保它是有意义的阅读”
监控和自我校正	提示——“再读一遍,看看是否能找到错误”

动觉型脚手架

身体的或动觉型脚手架发挥的作用与听觉型和视觉型脚手架相比同样强大，但在教学中往往不太突出。任何时候，只要把课堂表演、使用操作性教具、使精细动作转化到粗放运动水平、运用手势等诸如此类的活动或触觉互动引入到学习过程中，我们就在帮助学生更有效地保留和恢复他们取得成功所需要的东西的同时也鼓励了学生的学习参与。

我们似乎更容易记得的是在那些年龄最小的阅读者和写作者学习时运用的动觉型脚手架。想想看，我们经常使用磁性字母为生词教学工作提供支持，对我们来说并不罕见的是，为孩子们拿出一个风趣托盘来练习书写墙上的字，甚至带他们到外面的人行道上用粉笔书写。那些年龄最大的孩子也能受益于这些类型的教学脚手架。

例如，就在一个四年级老师结束她的微型课转而让学生去写作之前，我观察到她带领学生通过设计好的一轮快速的“个人瑜伽叙事”活动来帮助他们记住作文的不同部分。孩子们站立起来并开始伸展身体，当大家都准备好的时候，老师让小组成员双手叠压在一起高举过头顶（代表开头）；接着重心下移，屈膝，岔开双腿并伸展双臂代表中间（因为它是最大的一部分）；最后，抱膝下蹲（代表结尾）。他们重复了几遍这个过程，并在每一步都气喘吁吁地说着“开头，中间，结尾”，全世界的人听到这腔调后都会以为他们在进行一场真正的瑜伽练习。

老师们可以为正在关注非小说类纪实文学传统风格的那些高年级学生搭建教学脚手架。老师给他们提供地图铅笔，这样在阅读时他们就可以用不同的颜色框出非小说类纪实文学的文本特征(如标题、图解、加粗的文字、图片、插配的说明性文字等)。在同一个学习单元的后续学习中，读者可能会时不时地伸出一根手指，枚举文中的词语 who，what，where，when 以及 why，以此作为另一个动觉型脚手架来为他们提供支持，用以识别他们正在阅读的非小说类纪实文学中的一些重要细节。

动觉型脚手架在赋予学生对于新学习内容不同体验的同时，也体现了新学习内容的含义。动觉型脚手架可以像个人瑜伽叙事那样煞费苦心地精心设计，也可以像在拼读重要字词时听到音节就拍拍手那样简单。无论哪种方式，都可以让阅读者和写作者在试探性学习时有身体上的互动，为最终的独立学习建立强有力的渠道（表 4.3 提供了更多动觉型脚手架的示例）。

表 4.3　动觉型脚手架的更多示例

教学重点	动觉型脚手架
字母形态——h	在人行道上沿着粉笔写下的巨大字母 h 走动，同时重复字母笔顺——“下行，下行，下行，后退，成驼峰状”

续表

教学重点	动觉型脚手架
听单词词首到词尾的发音	当你按顺序听到“s”“p”“ar”“k”的单个发音时，摁下宾果游戏卡片
从左至右回扫式连续阅读	齐读一本大块头书的几行文字时，让学生与你一起手握教鞭
为打印出的字匹配读音	你触及每个单词时，让阅读者把手指放在你的手指上方
识别字母与单词之间的差异	把大的字母卡分配给学生，指导他们重新排列字母卡，手握字母卡肩并肩挤在一起组词（例如，谁拿着字母 a? 谁拿着字母 t? 你俩站着时要贴得很近很近，我们要把 at 组合出来）
阅读与推论	重复摊开双手指向脑袋的动作，突出强调推论是把文本中我们所读内容与自身思考相结合的产物
在单词间留下间隔	当学生要写下一个单词的时候，让他们用另一只手的拇指来“把握单词间隔”
词汇	将词义用表演的方式表现出来（例如，双手从地面挥舞到空中代表蒸发；然后，代表冷凝的是在头顶上方搓起双手扭在一起，形成一团隆隆作响的云；最后是降水，手从空中落到地面代表下雨）

视觉型脚手架

分子生物学家约翰·梅迪纳在他的畅销书《大脑规则》（2008）中，探讨了现有的大脑研究，并详细介绍了关于我们思考和学习方式的十大洞见。他在第九条见解中强调，视觉是“目前为止我们最主要的感官，占据了我们大脑资源的一半空间”（第 240 页）。事实上，梅迪纳还说过，学习新事物时，“知识输入越直观，它就越有可能被识别——并且就越有可能被召回”（第 233 页）。俗话说“一图抵千言”，这一道理在这里无疑是正确的，而精明的老师则可以兑现这一理念，在学生具有更高独立性的时候，利用建设性的、精心挑选的视觉型脚手架为他们提供支持。

即便视觉型脚手架很简单，也会发挥强大的教学效果。它们很容易融入你的教学活动中，为了增强学生的独立性，你将会发现可以凸显视觉型脚手架重要性的众多选项，例如：

- 提示卡——贴在课桌上，拿在手上，或放置在工作区；
- 桌面展示牌——为向学习小组进行展示的专门设计；
- 便利贴——贴在书本或笔记本里，便于参考引用；
- 翻翻卡——粘贴在一个笔记本的封底上，学生写作时可以快速翻转；
- 书签——夹在书的扉页处或只是放置在书旁；
- 锚图——张贴于房间各处；
- 展示墙——供学生用作学习参考的整块区域（例如，字墙）。

例如，你的一些学习者可能需要如图 4.1 中那样的一个文本修订翻翻卡，一个遇到阅读障碍的学习小组可能需要一个桌面展示牌来提醒他们应该做些什么（图 4.2），还有一些人可能需要一个书签来提醒他们在准备复述一篇记叙文时要注意的那些要素（图 4.3）。甚至那些正练习掌握说话时嗓门大小的一年级学生也能得到更高的支持度，当老师给他们的句子列表添加图片时，从代表 4 级嗓门的一个咆哮的狮子到代表 0 级嗓门的一个安静的海龟。

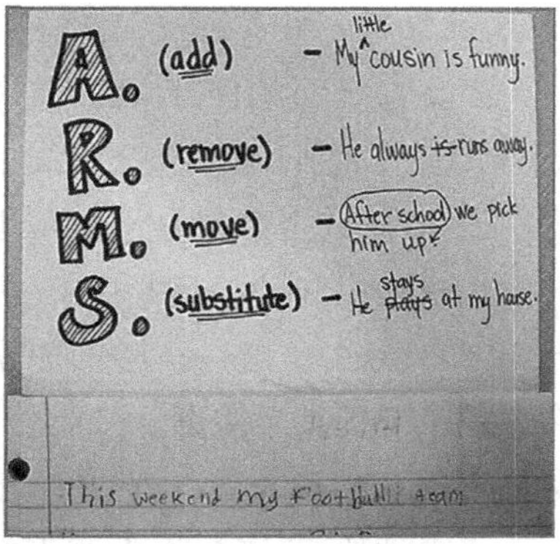

图 4.1　文本修订翻翻卡

图 4.2　用于提示的桌面展示牌

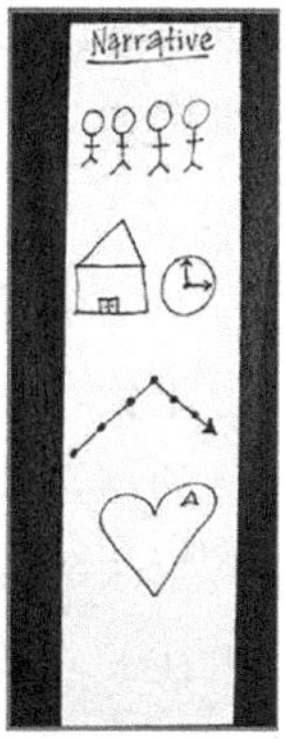

图 4.3　复述书签

教师马乔里·马蒂内利和克里斯廷·姆拉兹在他们的著作《聪明的图表》(2012)中更为深入地拓展了这一概念。从雷焦·艾米莉亚那开创性的学前教育方法中可以得到一个提示。他们提醒我们课堂上使用的那些视觉型脚手架可以扮演“房间里编外老师”的角色(第 xii 页)，在教学中应以视觉形式把教学内容、技能和策略展示给自己的学生。从本质上说，随着我们逐渐让学生承担起水平越来越高的责任，我们提供的视觉型脚手架可以起到参照点的作用，直到他们自己能够独立完成学习任务。

最近，我们的五年级小组利用这一想法来为一系列课程提供支持，终极目标是使学生能够撰写并辨认出感人的传记摘要。为了弄清教学重点，他们首先花了一些时间列出了能给人留下深刻印象的传记摘要的若干要素：

1.主人公随着时间的推移而进步成长。

2.主人公通常因重大事件而闻名。

3.通常按时间先后顺序对事件展开探讨。

4.主人公一生中的重大事件被施以浓墨重彩。

5.经常能让读者得到教益,寄托某一寓意或展现某个主题。

一旦确定了这些要素,老师就会设计出能代表它们的便于记忆的图示。为了显示一个人随着时间的推移而进步和成长,他们画了一个粗线条小人,画了一个箭头,指向一个更大的箭头。他们用一个感叹号来表示主人公因为重大事件而闻名,然后画一个珠状箭头代表时间的先后顺序。一系列递降的星星突出了主人公生活中的重大事件,最后,用一个心形图案来提醒学生去领受教益,寻找其中隐含的寓意或呈现的某个主题。

小组在某一点上遇到意外困难时必须采取变通的思维方式。在和学生一起学习的过程中,他们意识到传记中有一个要素被遗漏掉了:主人公当时的生活世界中发生了什么。例如,使得艾米莉亚·埃尔哈特足以成为一本传记关注对象的部分原因在于,当时她所处的世界航空领域的发展状况,以及女性飞行员在那段历史中被贬低的角色。通过加倍努力,老师添加了一个图标——小小的地球——还精心设计了一些课程来为学习这个传记要素留下空间。

在准备好的视觉型脚手架的帮助下,他们在一系列课程中分别呈现了每个要素。在这些探讨中,他们引入了代表该要素的图标,并将其用作一个视觉型脚手架,锚定不同的课堂来关注其重要性,并围绕它做出推论。在对每个要素进行彻底探究之后,它的图标被添加到一个标题为"人物传记的要素"的信息追加式的锚图中(参见图 4.4)。

图 4.4　信息追加式锚图:传记中的要素

在成功地确定这些组件之后，这些课堂把学生的注意力转移到使用它们来编写摘要上。在这个时间点上，孩子们可以很容易地识别出构成传记的六个组成部分，甚至可以很快勾勒出它们的相关图标。要进行阐释的是，一篇优秀的摘要包括所有与这些要素有关的信息，教师们开始做出示范，与学生们一起练习运用视觉提示为传记写出摘要。为了强调这些摘要虽简短但信息量大，他们添加了一个糖果图标，这个有点儿滑稽的图标提醒我们，摘要是简短而甜蜜的。

当学生们与小组成员一起展开行动，并最终独立学习时，整个过程中要鼓励他们在需要帮助时参考那些图标。为了支持这一点，发给学生带有六个图标的书签，并且他们的笔记页也要包括那些视觉提示材料（参见图 4.5a 和图 4.5b）。学生们甚至可以使用那些图标和锚图来为他们相关的学习任务提供支持，在该学习任务中，他们必须研究一位名人并为一个人物传记添加结尾，然后在一个多媒体演示项目中展示出来。

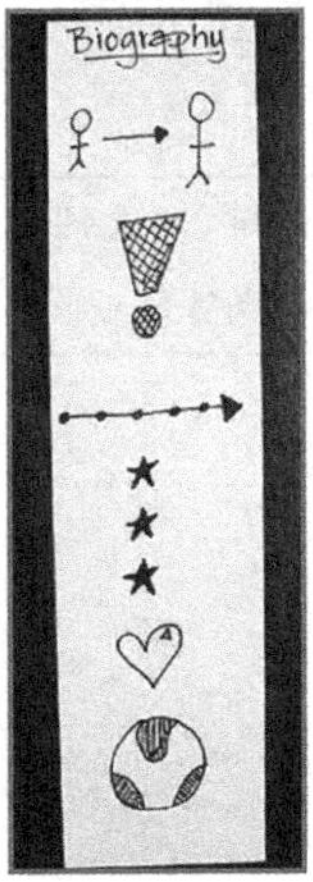

图 4.5a 书签:传记中的要素

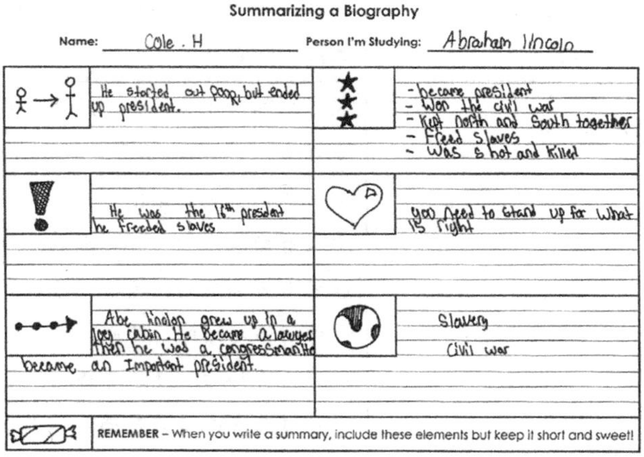

图 4.5b 笔记页:传记中的要素

最终，孩子们独立地总结出了传记的那些要素，并没有依赖他们身边的视觉型脚手架。后来，当学生们被要求在测试环境中识别优秀传记文本的摘要时，他们的老师又回到作为教学脚手架的那些熟悉的图标上，他们在学习评价多选题的四个供选答案项的有效性时会参考那些图标。

本例中的阅读者最终能够成功地编写、识别传记以及为传记写出摘要，是因为他们的老师安排了具体的视觉型支持手段加强了课堂教学的效果。无论这样的精心设计是为了面对全班学生的教学，还是出于迎合个体学习需求的私人订制，以这种方式运用图像都可以提供即时的教学脚手架，以提醒阅读者和写作者在自己开始尝试撰写个人传记时他们正在学习的那些技能。表 4.4 提供了视觉型脚手架的更多示例。

表 4.4　视觉型脚手架的更多示例

教学重点	视觉型脚手架
书写时留下适当间距	用橡皮擦估量单词的间距，用铅笔尖估量字母的间距
为达到文笔清晰的目标而修订	示范——“当我重读我写的东西的时候，留神圈出那些语义不通顺的部分”
流利地断句	文本中的停顿标记——一道斜线为短暂停顿，两道斜线为完全停止（例如，“结束后，/我们去游泳池/接我妹妹。//”）
非小说文本的结构	带有不同图案的锚图： √带有锁和密钥的＝问题和解决方案 √带有云和伞的＝因果关系 √带有维恩图的＝比较 √带有阶梯的＝连续步骤 √带有艺术品位的＝描述性 √带有编号的标题符号的＝列表

续表

教学重点	视觉型脚手架
文学体裁	将本年度迄今为止班级阅读的文章以及图书封面缩微复印后公布在布告栏中，并按文学体裁归入适当类别中
独立阅读的心理预期	带有代表着独立阅读时不同程度心理预期的红绿灯书签（例如，绿色——“大部分阅读时间我都能凝神思考”；黄色——“尽管注意力偶尔会分散，但我可以重回正轨”；红色——“大部分读书时间我都是装装样子，忘记了专心读书的事儿”）
为个人叙事添加细节	折叠于笔记本封底上的翻翻卡，上面有： √心形图案代表着书写时要投入情感 √一支艺术画笔和一幅裱装画代表着要增添生动细节的描绘 √一个奔跑状态的简笔画人物代表着要有涉及行为的描绘 √一个思考泡泡代表着与别人分享感受 √一个说话泡泡代表着要有对话描写
叙事文本结构	带有不同图标的书签： √带有简笔画人物的＝人物 √带有简笔画房子和时钟的＝背景（时间和地点） √带有编号的情节弧线图的＝依次发生的情节 √带有心形图案的＝主题、寓意或教益

混合型教学脚手架

虽然我们已经探索过每一种单独类型的教学脚手架，但你会注意到各种类型的教学脚手架经常彼此交叉重叠，这是因为与一种学习方式相比，几类教学脚手架形成合力时将会发挥更加有效的影响力（参见表 4.5）。

根据学习者的不同需要，你要对他们所需支持的层次与不同类型做出明确决定。例如，我们可能让幼儿园的幼儿练习书写字母 g，要求孩子在盐盘里把字母写得越大越好（动觉型脚手架），写的同时还要大声说“画圆，上行，下行，下行，下行，画钩”（听觉型脚手架），然后把他们写的字母与盐盘旁边的卡片上印刷的字母进行对比（视觉型脚手架）。当你使用一种类型以上的教学脚手架时，你就借助了多种技巧对学生施加影响，这些技巧可以对他们接受新知识的方式产生协同作用。

表 4.5　混合型教学脚手架

教学目标/教学重点	听觉型脚手架	视觉型脚手架	动觉型脚手架
1∶1 匹配	“让它匹配得上”	单词下的小圆点——临时添加以便让学生看到点读单词时手所指的位置	把句子剪切下来，然后铺在地板上，这样学生可以在读到一个单词时就蛙跳一次
常用词：the	反复唱诵：“你可以读‘thuh’，也可以读‘the’——但是你无论怎么拼读，都是 T—H—E”	老师在唱诵时指向黑板上的单词“the”及组成单词“the”的单个字母	当孩子们唱诵到拼读“the”的那部分时，手臂向外移动（代表 t），抬高手臂（代表 h），双臂环抱两膝（代表 e）
从左到右读单词	“按顺序触垒”	桌面展示牌上单词下方标上点状箭头	用大号字体在白板上书写这个单词，这样读者就可以运用粗大运动技能让手指滑过单词

续表

教学目标/教学重点	听觉型脚手架	视觉型脚手架	动觉型脚手架
流利地断句	复读——教师流利地范读一行文字，学生模仿教师的音调变化、停顿和终止	中间的暂停——用一道斜杠表示短暂中断，用两道斜杠表示完全终止。例如，“结束后，/我们去游泳池/接我妹妹。//”	伸出双手（就如同他们在握着车把一样），大声朗读图表中的句子，每逢逗号就要做出在转弯处减速的样子，一段时间后做出上体后仰的样子代表一句话的完全终止

在这一点上，我们转了一圈又回到了贯穿本书的那些熟悉的工作原则上：意向性和反思。应记住的是，我们所做的每一项教学工作都必须有一个与某个教学重点直接相关的目标，那就是我们的学生需要努力的方向。还要用你的教学脚手架来操练目的性。并不是每一种技能或每个学生都需要同等水平的支持。当好心的教育者要求每节课都要绘制出锚图时，我们就破坏了这类教学脚手架的用途。再次强调的是，灵活性是关键。

它以同样的口气重申了教学脚手架要逐步拆解的理念，教学脚手架设计的本意就是保留在一段较短的时间内。一旦你观察到孩子们不再需要教学脚手架的支持，就要启动拆除程序。例如，一旦掌握了书写技巧，写字的人就不要再重复着“下行，下行，下行，后退，成驼峰状”这样的话去书写字母 h。尽管提醒孩子不需要再说出字母 h 的笔顺是很好理解的，但是其他一些教学脚手架要拆除的情况可能就不是那么明显的事情了。想想我们的五年级学生在写传记摘要时遇到的情况，他们的视觉型脚手架何时才能拆解？这可能会变得相当棘手。一些读者在更长时间内需要那些手段的支持，少数几个人将会在教学脚手架拆除后很快完成学习任务，其他人可能只有在陷入困境时，偶尔还需要教学脚手架的帮助才能学习（应该还记得我说过的听觉型脚手架吧：慢，慢，快，快）。这个问题的各种答案直接来自你如何果断地回应课堂上的多重需求。

尽管如此，针对“这个教学脚手架应该保留多长时间”这个问题，我至少可以给你一个绝对答案：不是无限期的保留。正如在学习者逐渐掌握学习内容时我们要降低教学脚手架搭建活动的强度一样，在他们熟练掌握时我们就要逐渐地拆除教学脚手架。最终，当不再需要教学脚手架的时候，锚图和桌面展示牌就要撤掉了，歌曲和歌谣都会被遗忘，而那些教具也要被束之高阁了。它们已经很好地完成了自己的使命，曾经有段时间我们很高兴能拥有它们的支持，但现在不再需要它们了。

建设性反思

1.想出一个你年复一年以相同方式教给学生的概念。你是带着一种绝对的心态工作的吗？可以换一种方法来教吗？可以换一种更有效的教学方式来教吗？还有其他选项吗？

2.当你(单独或与同伴一起)坐下来备课时，你首先注意到的是什么？是标准吗？是你的教学资源吗？学生与目标在哪里有关系？你对这些问题先后顺序的思考是如何影响教学脚手架的设计方式的？

3.面对全班学生、学习小组或学生个体时，你是如何决定教学内容的？根据这些决定你进行了哪些有目的的实践？

4.想一想对于你的学生而言很难掌握的某种技能或策略。在进行教学时有无可能采用一种不同的教学方法？有没有其他一些可以尝试的教学方法？这些教学方法的改变对你的学生处理和吸收这些新材料的方式有什么影响？

5.对你觉得很难教的一个概念进行深入思考。运用头脑风暴的方法想出一些你还没有尝试过的听觉型、动觉型或视觉型教学脚手架。它们将如何为你的教学努力以及学生的学习独立性提供支持？

6.通常情况下，教学脚手架会在我们的无意识中无果而终(例如，为了一对一匹配而用手指指向学习内容，看到视觉提示就张开嘴巴做好词首发音的准备，用于复述的故事地图)。有哪些教学脚手架你往往会把它们保留得过久？例如，你房间里的锚图何时会撤下？你怎么知道是该撤掉它的时候了？要通过什么程序来做出撤掉它的决定？

第 5 章　灵活授课:进展监控与适度调整

你已经探讨了你所有的基础，你也花了时间来澄清你的教学重点，你还认真考虑了学生的学习起点，你已经规划好了周详的课程要把学生带到他们需要去的地方。“万事俱备，只欠东风。”

但是，如果你错了怎么办?

在你教学生涯最初的八小时内，你大概就已经发现有一条墨菲定律至今仍困扰着你:有时候，尽管我们尽了最大的努力，但我们费尽心思设计的课程却没有按照预期方式取得进展。我们想要的与现实中教学脚手架的展开方式之间存在着差别，这往往要求我们进行调整，我们必须在支持学生的方式上做到灵活变通。

除了有目的地进行规划外，搭建教学脚手架的活动还涉及我们对学生针对教学的反应方式所做出的适当回应。如果某些东西没有发挥作用，或者学习者需要更多(或更少)的帮助，我们就要在教学脚手架越来越接近其预定目标的时候，提升或者降低我们的支持水平以达到平衡。 这样的话，教学脚手架就是有活力的、有机的。 它以自身为构建基础，自给自足，灵活多变并重新组合——这一切都无时无刻地发生着。 我们的教学活动无论是拓展还是收缩，都是为了满足我们面前学生的学习需要而做出的回应。

在教学实践中，我们要调整我们的教学之箭在飞行途中的前进方向。

这种灵活变通、积极回应的品质是教学脚手架搭建活动不可或缺的一个要素。 不过在这里要谨慎行事，积极回应和完全偏离主题这二者之间有着显著差异。 是的，搭建教学脚手架是可以调整以加强适应性的，我们可以在逐步让渡责任的进程中随着学生学习需求的变化而弯曲变形和转换，但是我们在做出自我调整的同时，还要自觉地对隐藏于我们在建构区所做一切事情背后的目的保持清醒。 我们可以修改我们精心安排的计划——如果事情发展到了某种地步，我们甚至可以弃之如敝屣——但必须有充分的理由我们才能那样做。 在你浏览这一章的时候，请记住：灵活性并不意味着随意行动或缺乏计划。

如同教学脚手架的其他方面一样，灵活性也是有目的的。

调查和灵活性

在教学过程中保持灵活性是很困难的，特别是当我们猝不及防或者不确定该做什么的时候。 从以逐步让渡责任的进程为基础进行课程设计，到在教学过程中以教学过程为依据提供自我调整的教学，需要我们有开放的头脑和敏锐的眼光。 记住，通过 5S 进程强调逐步让渡责任模式的一个主要好处就是，它让我们通过第五个 S 环节（调查环节）突出持续评估的重要性。 调查意味着在从演示、分担到援助和维持的整个过程中持续地观察、收集证据和汇总数据。

考虑到这一点，弹性教学的第一步就是保持对评估——观察、思考和评比——的恒心，这是至关重要的。正如教育研究者、学者内尔·杜克(2011)提醒我们的那样："一个认真观察学生的知识渊博的老师是我们最好的工具。"能搭建有效教学脚手架的人都是儿童观察家，他们问问题，他们与学生进行密切互动，逐步了解作为个体的学生以及作为学习者的学生。他们处处留心，他们意识清醒，他们能注意到一切。

而且，当他们集中精力观察时，他们也在追问自己一个至为关键的问题："我是坚持到底，还是需要做些调整？"如果一切顺利的话，坚持下去是完全有意义的；如果事情进展得不那么顺利，就需要做些改变。

听起来很简单，实际上要难得多。虽然我们不是故意为之，但我们中的许多人对教学调整的抵制比我们想到的要多。有时候，我们如此决绝地想让自己的计划发挥作用，以至于我们拒绝做出任何让步，我们会不顾一切地坚持到底，希望我们的学生也能紧跟不辍。如果你已经尝试过这个选项，你就知道它的效果如何——或者你就会知道它根本就没什么效果。尽管有证据表明有些事情是无效的，但是你却置那些证据于不顾而依旧坚持到底，这样的做法是不明智的，它只会让我们的学习者感到沮丧，同时也剥夺了他们其实不必虚掷的宝贵学习时间。

如果真到了那种地步，就要准备好彻底抛弃你的计划，用一个新计划取而代之。是的，这可能会很难。我们费力劳神地精心设计出一节课，却眼睁睁地看着它在我们眼前毁于一旦，舍弃的话确实勉为其难。但有时，尽管我们不心甘情愿，尽管我们失望至极，但最好还是把计划抛诸窗外，重回绘制蓝图的初始阶段(带上一大袋巧克力)，然后制订一个崭新的计划。如果你发现这种情况超乎你的预期而频繁发生的话，就要花点儿时间思考一下，找出其中原委。追问自己下列问题：

- 我的教学计划有一个清晰界定的教学重点吗？

• 我的教学重点把最近发展区估计过高（或估计过低）了吗？

• 在我的学生可以接受这个教学重点的挑战之前，我的教学重点有需要处理的较小的、增量的目标吗？

• 我的教学重点与教学计划是以评估学生为基础的吗？

然而，更常见的情况是，你会注意到与其说你的计划大错特错了，倒不如说它偏离了一两度。在这种情况下，找到你自己的路就成了仔细审视你的课堂教学、你的教学重点，以及通过观察学生所收集到的那些证据的事情了。找到事情出错的地方，做出调整以重回正轨。

学会相信自己的直觉

反思是意向性的支柱，但要想具有反思意识，首先我们要做个有心人。就像上一章中我们那些五年级老师——通过他们规划人物传记的过程——意识到他们未能覆盖主人公身边的世界发生了什么这个人物传记的要素，然后迅速转换教学方向，为这个人物传记要素的学习腾出空间。细心的老师总是在寻找机会，以便对自己的教学计划做出调整。带着评估的心态去搭建教学脚手架，在很大程度上取决于我们放慢速度的能力，这样我们就能清空头脑，然后花一些必要的时间专心去观察。

但即使在我们这样做之后，我们中的许多人仍然对自己的直觉缺乏信心。这是我工作时不得不吸取的一个最难以接受的教训。我曾经异常沮丧地等待着指导老师的直接回答，她不管我有多么坚持，却总是督促我捍卫自己的观点，为自己的想法辩护，她不愿意给我一个直接的答案。请不要误会我的意思：我敢确定她明白学习活动的一部分就是求证落实自己的想法，但学习活动并不局限于此——她看到了我力不能及之处。我不信任自己的直觉，因为我不信任它，所以我就不能凭直觉行事，也就不能做出眼前那些必要的转变以加强我的教学脚手架搭建活动。

那是几年前的事了。那些天来，我在对话时处于另一立场上，当与我合作的同事凑到一块儿进行探讨时，他们向我展示收集到的数据，或者分享让他们迷惑不解的教学场景的趣闻轶事。作为一名识字辅导教师，我的第一个尝试是引导他们得出自己的结论，就像我的指导老师当初对待我那样。"你注意到了什么？"我问。尽管他们会变得像当初的我那样沮丧，但他们的反应常常证实他们一直都有自己的答案。他们只是不相信他们看到的。

在所有技术细节背后隐藏的是搭建教学脚手架这个直观的过程。想想父母教孩子学习走路这个经典的搭建脚手架的历程，他们不会坐等来自别人的确认，以证实他们与何时教以及怎么教有关的直觉。他们要做什么的大部分知识都来自自己的细心观察和本能反应。同样地，灵活的教学也有赖于老师成为敏锐的观察者，他自然而然地去寻找线索，然后在这些证据的基础上信心满满地采取行动。

作为在搭建脚手架过程中有着敏锐观察力的博学的他者，我们有一个内置的晴雨表，一种把学生的反应看作帮助我们重新校准自己下一个教学步骤的指示器的本能。有时它会具体化为一种直觉，一种挥之不去的奇想，或者一种直观的印象。其他时候，它也会突然出现在黎明时分乍醒的意识中。时不时地，它会以灵光闪现的方式带给我们惊喜，但我们每个人都拥有直觉。

相信你的直觉吧！

仔细观察并做出调整

反应灵敏的教学活动的一个本质属性是保持着警觉的意识，这样你就可以监控事情的进展、教学活动的效果以及学生对教学做出回应的方式（或者不做出回应）。在这个过程中，你将要做出很多重要决定，而保持敏锐的观察力会让你占得先机，这样你就能搞清楚大部分难题，在足够多的时间里对那些难题进行处理。

当我们对学生的学习需求的认识变得更加清晰时，灵活授课就意味着要对教学脚手架进行调整。

知道那些将要进行的合适的教学变化，以及何时进行教学变化——当你在进行教学活动的时候——这是需要花费多年时间才能掌握的一项技能。尽管如此，你还是可以依靠学习者、教学重点和课堂教学三个方面的信息来审视并优化这个决策过程。与这三个要素有关的任何新信息都可能导致整个教学脚手架的变动，如果是这样的话，你就应该做好准备。

- 学习者：通过观察学生的学习需求收集到的证据——包括优缺点，以及学生对教学做出的反应。
- 教学重点：教学目标，你想要学习者最终独立管控的事情。
- 课堂教学：为使学习者达到新的学习水平而搭建教学脚手架的过程中，正在执行的教学规划、教学实践和课堂教学。

为了更加具体地加以描述，假设这些因素（学习者、教学重点和课堂教学）是一个灵活的等边三角形的三个点（见图 5.1），你的任务是使它们尽可能均衡。在逐步让渡责任的进程中，大量的障碍和意想不到的拐点会使得你的三角形发生变化。而且，每一种变化都需要你做出不同的教学决策，采取不同的行动，以保持教学脚手架的平衡。

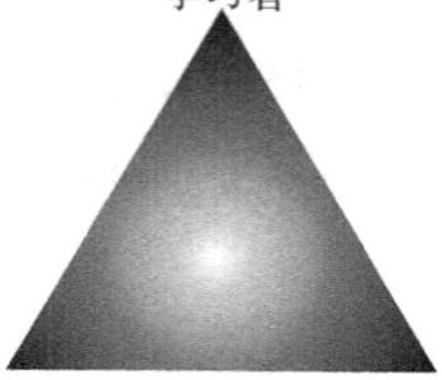

图 5.1　弹性教学三角形

比如说，你意识到你的课堂教学与你的目标不一致，或者根本无法满足学习者的学习需要。在这种情况下，你应该改变课堂教学活动的方向，使它重新与你的教学重点和学习者保持一致。

同样的方式，如果你击打可动装置的一部分，那么整个装置都会摇摆不定，组成三角形的任一要素(学习者、教学重点、课堂教学)如果失常的话，都会影响到其他组成要素。别让这件事给你带来困惑，如果你在关注它，就能精确地定位需要在哪里做出调整。

学习者

请注意，学习者处于最重要的位置——三角形的顶端，这意味着我们的学生和他们的数据在教学脚手架搭建活动中扮演着重要角色。这个点不像教学脚手架“三角形”上的另外两个点，你可以根据新信息对它们进行调整，学习者的需求和表现不是你可以直接控制的。你可以影响他们，但你不能支配他们。当你沿着搭建教学脚手架的进程往前推进的时候，你的学习者在不断地学习新知识。他们就在你眼前发生变化，你要密切注意他们掌握内容的细微变化，这样你就可以相应地调整你的课堂教学。从本质上来说，你明天要教给学习者的东西取决于你今天所看到的学习者掌握的内容。

当我们不断地调查学习者对教学做出的反应时，我们就是在寻找模式和证据来揭示他们所知道的以及他们感到含糊不清的地方。此外，有效的教学脚手架的搭建者可以通过尽可能多的信息渠道收集数据。有很多对孩子进行观察的机会，如在阅读与写作交流会期间的一对一访谈、查看作文、分析动态跟踪记录、观察学生的学习过程、旁听学生的小组讨论，甚至批改学生的习作——所有这些都可以提供信息。我们可以依据这些信息做出合适的与下一个步骤有关的决定，以推进教学脚手架的搭建活动。但即便如此，如果我们不知道我们到底在寻找什么的话，所有这些数据都可能毫无价值。

在一个深秋季节，一位一年级新任教师在大厅里拦住了我，说她为一群不知道字母名称音以及字母发音的学生感到很担心。让她忧心忡忡的是，寒假即将到来，但学生们学习进展缓慢，他们没有取得她所希望的进展。“我们学了一遍又一遍，”她说，“但仍然有三个孩子不知道字母名称音以及字母发音。”

“什么意思呀？他们是不会认读任何一个字母的名称音与发音呢，还是只能认读很少几个？”我问道，鼓励她深入挖掘。我们进行了一次简短的会话，交谈中我们又探讨了使用数据（调查）聚焦于一个精准问题的重要性，然后做出的决定是我们需要更多的信息。“我们明天再见面时你带上每个孩子的评估记录，我看看能不能帮你弄清楚到底发生了什么。”我说道。

在第二天的会见中，我们查看了一个观察表，上面有她收集到的以下数据(表 5.1)。

当你查看她记录的数据时，你注意到了什么？要仔细察看。

表 5.1　利用精确数据聚焦于学生的字母学习

	学生 1	学生 2	学生 3
字母名称音	字母 b 与 d 不分 （但可自我纠正） 字母 L 与 I 不分 （但可自我纠正）	字母 W 与 M 不分 （但可自我纠正）	字母 i 与 l 不分 （但可自我纠正）
字母发音	u 发成“y” q 发成“k” y 发成“w” h 发成“ch” g 发成“j”	u 发成“y” w 发成“d” c 发成“s” g 发成“j”	g 发成“i” u 发成“y” c 发成“s” h 发成“ay”

进行教学调整取决于是否知道在教学脚手架的搭建过程中寻找的是什么。但是，在满是数据的图表中挖掘的同时找到一种方向感——时常发生的是，在教学活动中间找到方向感——可能会让人感到手足无措。为了解决这个问题，我鼓励教师们通过反思具有实践性与指导性的三个问题来把注意力聚焦在他们的课堂观察上。这三个问题是：

- 他们学会了吗？
- 他们快要学会了吗？
- 下一步我们需要达到什么目标？

当习惯于追问这些问题时，你很快就会注意到在整个教学脚手架搭建过程中它们都是同时发挥作用的。当你用它们来指导当下的观察和思考时，尤其如此。比如说，我在三年级写作课堂上教学生把人物动作标记为对话的写作技巧（例如，“‘滚吧！’她大声喊着，皱着眉头，用手指着门口”）。我在观察孩子们进行写作练习的同时，还和他们单独交谈，并阅读他们的习作，我会置身于一种持续的评估心态之中，在这些问题的来回碰撞中我反复地思考质疑："他们学会了吗？""他们接近成功了吗？""既然如此，下一步我们的教学脚手架应该把他们带到哪里呢？"

现在，让我们一边看着表 5.1 中所示的教学笔记，一边思考这些指导性问题。尽管这些数据乍看起来很简单，但它们包含了许多与这些一年级学生有关的有价值的信息，涉及他们关于字母名称音与字母发音的学习，以及他们下一步的学习目标。

他们学会了吗？

这个问题与现实和证据有关。当我们询问学习者是否学会了时，我们是想看清楚我们的课堂观察是否可以证明他们已经达到了目标或者至少是在通往目标达成的路上。把这些结果与老师设定的最初目标相对照（认读所有字母名称音和字母发音），我们开始看到这些一年级学生正在接近目标，即使他们彼时还没有百分之百地达到目标。通过调查，我们可以看出，他们并不像之前声称的那样不知道字母名称音与字母发音。实际上，他们认识了它们中相当多的一部分，只不过他们看上去有着一些挥之不去的困惑，需要我们提供帮助而已。

他们快要学会了吗？

有效率的教学脚手架搭建者会密切关注学习者对于目标的趋近。当你参看表 5.1 时，要追问这个问题："我们有什么证据可以表明这三个年轻人几乎快要学会字母名称音以及字母发音了？"这个问题与专门审视我们所看到的错误有关。在搭建教学脚手架的过程中，犯下的错误与对目标的接近非常有用，因为它们是观察孩子们思维方式的窗口。当我们仔细审视观察数据时，我们注意到那些一年级学生混淆了视觉上相似字母的名称（如 b、d 不分，把 W 误认为 M 等）——但只是某种程度上的混淆，因为他们似乎意识到了这种混淆，以至于他们能持续监控这种对于字母的混淆并进行自我修正。这告诉我们，他们在认读字母的过程中状况良好。

当我们特别关注他们的字母发音的错误时，一个清晰的出错模式就浮现出来。请注意，这个学习小组的学生是如何与那些发音与其字母名称音无关的字母做斗争的，而其他大多数字母发音都与其字母名称音有关系。试想一下这个道理——u 并没有发其字母名称音的头音“y”；w 也没有像“d”一样发其字母名称音的起始音；最糟糕的还有一个字母 h，它没有发“ay”这个音，也没有发“ch”这个音！你能想得出，对于这些处于阅读起步阶段的学生来说，这是一件多么令人困惑不解的事情吗？但它们很酷似，不是吗？他们对学习目标的接近告诉我们，这群一年级学生只是还没有弄明白他们的许多同龄人早前已学到的知识：一些字母的发音与它们的字母名称音无关。

下一步我们需要达到什么目标？

员工职业发展培训师罗达·凯尼格在她的著作《终身学习》(2010)中提醒我们：“当学生体验到困惑时，当他们建构文本意义遭遇困难时，当他们的习作表述不清时，当他们无法解决问题时，教师可以用他们的观察资料为解决问题做出安排并提供问题解决之道。”(第 5 页)。在教学时，我们要经常根据课堂观察权衡学习者下一步的学习需要是什么。这种观念是灵活教学的核心，它与选择的诸种可能性有关。

当我们发现他们的出错模式时，我相信你在开始考虑这些一年级学生下一步行动的同时，内心是敞亮、明白的。当我们特别注意这些孩子读出的字母名称音(不是字母发音)时，坚持既有的学习路径是明智的选择。他们认识了大多数字母的名称音，而且他们看上去完全意识到了那些他们拿不准读音的字母。看起来他们只是需要更多的时间来巩固自己的初步认知。我们可以通过确认并肯定他们已经在做的有效的自我监控与自我纠错来为此提供最大的支持。

但是那些字母发音怎么处理呢？ 下一步我们要去哪里？ 看起来做出轻微的调整是比较合适的。 也许是时候重新教授这些发音了，花费更多时间聚焦于一些字母发音与其字母名称毫无关的思想认知上去，重新教授时要特别注意并不遵从发音规则的那几个字母的发音。

成为一名儿童观察家（调查）涉及对观察目的的认知，培养对自己直觉的信念，并在这些直觉的基础上采取自信的行动。 工作时牢记这些指导性问题，会帮助你在获取新的或意外的证据时耳聪目明，而这些证据可以指导你做出更好的决定，对课堂教学做出更好的调整。 这种警惕性是我们作为博学的他者的根本职责，在搭建教学脚手架的过程中灵活施教依赖于它。

教学重点

即使你尽力而为，一个明确的教学重点也落实就绪，如果需要的话，也要准备好随时改变你的教学目标。 这个弹性教学三角示意图的一个角与学生的学习需要密切相关。 如果目标过于简单，或者学习者进展很快，就要做好准备及早瞄准你的教学重点。

然而，更常见的是，学习者无法取得进展则可能表明你当前的教学重点太过困难，要对目标做出微调。 当我们试图推动学习者在他们的最近发展区之外完成学习任务时，我们经常会发现一个错位的教学目标。 记住，如果目标太难的话，学习者就会感到沮丧，然后关上他们的学习之门。 如果是这样的话，切换为一个更合适的目标将有助于问题的解决。

还记得第 2 章中我们对于相关性教学和切题式教学二者差异的探讨吗？ 这是另一个需要我们对可能会扭曲的教学重点进行调整、校正的常见领域。 不幸的是，相关性教学和切题式教学二者的差异往往如此细微，以至于我们许多人都忽略了它。 去年，珍妮佛打电话给我，让我观察她三年级学生的课堂教学，那些学生在秋季基准测试中好几道推论题都没有做。“我弄不明白，”珍妮佛说，“我们教学推论有一段时间了，当我们对文本进行探讨时，他们那些推论看上去完全正确，但他们仍然有太多的问题是错误的。”

后来，扫了一眼我的观察记录和她收集的数据，我发现了问题之所在。她说得不错：她教的那些孩子们的推论能力很好。例如，如果询问他们对文本中某个人物有什么样的看法，他们就可以准确地告诉你。问题在于他们不习惯于对自己的推论根据做出解释。当学生回答问题“从故事中哪些地方可以看出辛蒂在聚会上感到很兴奋”时，他们一致认为她很兴奋，但并不总是很肯定该如何回答这个问题。有了这种新的认知，珍妮佛在搭建教学脚手架的过程中不再把对推论称谓的教学作为关注重点，取而代之的是，在一个新的、直接相关的目标（利用文本证据为推论提供支持）的指引下精心编写了一系列课程。

以开放的心态对教学重点做出适应性改变，可以让你为可能错过的挫折做好准备，因为你正致力于达成的目标使得你无视其他更有效的可能性。你可以通过追问自己这些问题来把注意力集中于教学重点的调整改进上：

- 有无这种可能，我因分不清楚切题式教学目标和相关性教学目标而不知道教学重点是什么？
- 这一目标是在学生最近发展区的学习水平范围之内吗？
- 我的学生们之前是否已达到一些前提性的、较小的增量目标？
- 我的观察结果是否能让我看得出学生们已经做好了接受更多知识的准备了？
- 我收集到的证据是否能让我知道我需要降低学习的难度了？

最后，无论是你已确定了教学重点，还是正致力于设定一个州或地区的预期目标，对于该目标是否适合你的学生和他们的学习需要的问题都要保持警惕。如果你发现课堂教学偏离了教学重点，就要考虑做出一些改变，让你的弹性教学三角形恢复平衡。

课堂教学

当你明确了教学重点，并且以一种持续评估的心态开展工作时，教学三角形具有最大伸缩空间的那个组成部分就是第三个顶点：你的课堂教学。既然你对这一构成要素有着最大的控制权，为了课堂教学效果而对教学活动实施监控，以及需要做出任何教学调整的事情都取决于你个人。作为博学的他者并不意味着你无所不知。如果教学脚手架上有什么让你感觉有问题的话，那么你就要循原路折回，并且要仔细审视自己的教学计划和教学实践，看看是否需要做出一些决定性的改变。

如果在搭建教学脚手架的某个阶段，你观察的结果表明学生的需求从根本上招致误解或者他们的学习需求已经发生了某种程度上的变化，假定你的教学重点保持不变，你就要变更你的教学计划，以使事情重回正轨。

为了给这个自我监控过程提供支持，就要考虑时不时地进行自我跟踪记录，或找一个值得信赖的同事观察你搭建教学脚手架的工作并给你提供反馈信息。当你知道自己在搭建教学脚手架的过程中有一些事情没有按照计划进行，但似乎又无法找出确切问题的时候，这些做法会特别有用。几年前，让我头疼、纠结的是一群无精打采的五年级读者，他们双手抱着脑袋瘫坐于桌前，完全被动地对待我们所做的事情。当我看了一段我们上课的视频的时候，看到自己无精打采、萎靡不振的样子，我感到羞愧难当！结果表明，我一直在做的事情正是我尽力阻止他们做的事情。你可以肯定的是，我立刻就改正了。

这个事例是一个很好的提醒，作为一个博学的他者，我们所做的决定、我们的言语，甚至我们的行为，为我们的教学脚手架奠定下基调，并为教学脚手架的搭建提供驱动力。无论你怎么做，都要注意这些细节，还要注意你的孩子在搭建教学脚手架的过程中对这些细节做出反应的方式。如果你注意到你的行为、你说的话或你的计划没有以正确的方式为他们提供支持，那就要采取一些积极行动，去做出一些改变。为此，让我们思考几个重要领域，在那里你可以转变教学方式，以便有效地为教学脚手架的搭建找到新的方向。

考虑在逐步让渡学习责任进程中进行阶段转换

当然，你将按照从演示到分担再到援助，最后到维持的顺序去搭建一些教学脚手架。但通常情况不是这样。在搭建教学脚手架的大多数场景中，事情是循环递归的，感觉上更像灵活躲闪中的快速移动，而不是径直前行。在逐步让渡学习责任里里外外的进程中，做到弹性教学很大程度上就是要认识到这个过程并不总是线性的。在现实生活中，事情往往会循回往复、弯弯曲曲，无论何地都进退两难。

任何时候，学生的那些反应都能为你指示一个新方向。你的观察结果可能会告诉你，他们已经为进入下一个阶段做好了准备，或者需要在原地再多停留一点儿时间，又或者需要重复之前的某个阶段。有时，观察孩子甚至可以告诉你最好还是循原路折回到最初的演示阶段，从头再来。学生会随着教学步骤的推进而获得越来越强的独立性，这是你的指示灯，要一直去寻找。当你看到学生的学习表现的时候，准备好改变自己的教学节奏，或重复前面的步骤，或接着往前推进。记住，即使我们搭建的教学脚手架植根于逐步让渡责任的递进发展模式之中，在整个教学过程中我们还是期待有一些拓展和超越。

除了对课堂教学进行调整之外，你还要为学生更高的与较低的独立程度提供支持。相对于其他阶段，有些阶段需要引起我们格外的关注。例如，与教学生复述小说相比，教三年级学生概述非小说类纪实作品所需要的示范活动（演示）可能要多得多。

出于这种考虑，要一直留意你易于忽略的或无意给予更多付出的那些阶段，这在教师们中间要因人而异。我们中的一些人过分依赖于示范性活动，而另一些人则忘记了在学习一种新技能之前要花些时间确保学习者看到清晰榜样的重要性。根据研究计划，我和一个一年级教师团队在接连几个月中注意到，虽然他们的示范性教学（演示）做得很好，但当孩子们独立学习（维持）时，事情常常会变糟。在运用该模式的过程中，经过几番努力，这个团队终于意识到他们在搭建教学脚手架过程中的分担环节没有足够的教育不动产投入。不仅仅是他们遇到了这样的问题，很多教师都为此而纠结。根据我的个人经验，搭建教学脚手架进程中那个“我们做”的部分似乎是最容易被忽略的。这是很不幸的事情，因为分担和援助是搭建教学脚手架行动的主体部分。孩子们在掌握新知识之前需要大量练习。如果你已经为做某件事情做出了很好的示范，但孩子们似乎并没有把它移植到独立学习中去，罪魁祸首可能是缺乏与他们共同分担学习任务的时间。回过头来，花更多的精力重温 5S 进程中的分担和援助阶段，那么你很可能会看到相当大的变化。

当你做出教学规划以及在课堂上组织教学的时候，一定要把以下几个指导性问题铭记在怀，这将帮助你对自己现在所处的位置以及你在搭建教学脚手架进程中所处的位置保持清醒头脑。

- 考虑到教学重点和学习者的需要，我需要给予该进程中哪一阶段较多关注？
- 就个人而言，我偏向于该进程中的哪些阶段？
- 我是否把每一阶段怎样为学生走向独立提供支持铭记在怀，并有意识地为每个阶段做出了安排？

• 在 5S 进程中，我们处于哪一阶段？我是否正在从学生身上寻找证据以帮助自己确定何时切换到下一阶段？

• 我计划在每一阶段花费时间的长短具有灵活性吗？

最后一个问题让我们回到时间安排的问题上。在搭建教学脚手架的各个阶段，要注意你在每一阶段停留时间的长短，如果需要的话，还要随时做出改变。即使你一开始就对事情的发展有着很好的想法，并且考虑过每一阶段可能需要花费多少精力，学习者的反应也会告诉你，在递进发展模式中，他们需要加速前进或者放慢前进的步伐。

考虑改变师生比

你可能要考虑做出的另一个改变是，在逐步让渡责任递进发展过程中，你的小组人员配置（全班、小组、个人）是如何为教学活动提供支持的。我们在第 4 章中回顾这一概念时，特别关注了教学脚手架搭建的规划阶段。但是要记住，扩大或缩小学习小组的规模是你在教学过程中可以做出的决定，也是你可以改变的决定。你在组织教学时要追问自己的一个问题是："多大规模的学习小组与逐步让渡责任递进发展模式的这一阶段最吻合？"

容易忘记的事情是，在教学脚手架搭建的整个过程中，学习小组的规模不必保持不变。开始时你是大组教学并不意味着你就不能转换为小组教学，如果它能更好地服务于教学目标的话。当然，也可以相反。我曾经决定把一个幼儿园的音位意识小组教学课转到一个全班教学的班级去上，因为那个学习小组遇到了困难，我希望他们看到那些更擅长学习的同龄人在拆解单词发音时做出的榜样，然后从中受益。

当你按照逐步让渡责任递进发展的轨迹前进时，你甚至可能会发现，切换到规模不等的学习小组进行教学是很有用的。许多教师有过很多成功的经历，先在给全班学生上新授课时引入一些阅读理解策略（演示），然后在小组和个人层面上进行后续教学（分担/援助/维持）。

可能性是无限的，而且可能性的实现会根据情况的不同以及不同情况的学习者而有所变化。正如学习者的反应所表明的那样，允许围绕这个构成要素进行选择，并且要考虑是否改变学习小组的规模，这样可以使你搭建的教学脚手架更为有效。

考虑对援助力度进行调整

记住，事情很少是非黑即白的。有些领域需要在搭建教学脚手架时下大力气，而其他一些领域点到即可，在那个时刻找到最合适的配置将取决于你对学习者以及他们成长状况的了解与掌握。除了对渐进进程中发展阶段高与低的调整或者对各阶段发展速度快与慢的调节之外，其他互相对立的区域也可以帮助你识别出能对课堂教学进行修正的那些地方。

例如，在每个发展阶段你都可以提供更有力的或较少的支持，那要视学习者在学习上取得进展的具体情况而定。一些学习者可能需要更多能产生实质意义的动觉型、视觉型或听觉型教学脚手架，而其他人很可能会稍有助力就可以受益。就像我们在弹性教学三角形中探讨过的其他指标一样，你在那里教学的力度应该随事物的规模而降低，那些指标将取决于你的学习者在他们朝着目标前进的过程中告诉你他们需要什么。

一个常见的选项就是调整你要求学习者所做活动的难度。介于难与易之间的某个区间，这种理论考虑到了活动是否适合于学习者现在的学习起点，因此，在他们的学习走向独立的时候该理论可以提供支持。举例来说，我正与学习者一起搭建词梯，想让他们把单词“thin”拆解掉，让它发出“chin”的音。可以考虑以下等级的活动：

- 改变前两个字母，让它发出“chin”的音。
- 只改变两个字母，让它发出“chin”的音。
- 改变单词词首的发音，让它发出“chin”的音。
- 改变这个单词，让它发出“chin”的音。

要注意，每一项活动都需要学习者稍稍提升掌控能力才能取得成功。我们可以进一步拔高难度，通过用某一个有意义的线索替换每个例子中“chin”这个单词，比如，“改变前面两个字母，使它的发音是你脸上的一部分”。根据他们的准备情况，我们可以在必要时提高或降低难度系数，找到最合适的方法满足学习者的需要。

考虑改变你的表达方式

如果你曾经遇到过分歧，那么经验可以告诉你，人们的表达内容和他们的表达方式会对你的反应产生巨大影响。教学脚手架搭建的进程也与此相同。如果学习者没有以你所预期的方式获得学习上的独立，可能你对措辞方式稍加调整就会使得教学朝正确的方向发展。我们的说话方式要更易于被孩子接受，变换一种解释方式，为了核实学习者是否理解甚至可以以中间停顿的方式重复一下你的教学指令。

在几年前的一次五年级读书会上，有人提醒我哪怕措辞上细微的一点儿变化也至关重要。安德鲁正在读凯西·阿贝特著的那本极为精彩的书《底层》，我们重点关注章节的故事主线。如果你读过这本书，就会记得阿贝特精巧构思的贯穿全书的、齐头并进的若干情节，它们各自独立，直到末尾时才百川入海，汇聚成为一个皆大欢喜的圆满结局。但是，要想理解故事的结局，读者必须具有读书的耐心，并按照故事的发生发展顺序去梳理故事的链条。为了帮他解决问题，我使用了“多重情节主线”这个措辞，但不知何故，安德鲁并没有搞明白。有趣的是，安德鲁在复述故事的过程中，总是用“与此同时”这个词来厘清头绪：“与此同时，在房子下面……”“与此同时，回到沼泽地……”在又一次尝试让他以我的方式思考问题的时候，我忽然想到的一件事就是，安德鲁所提及的“与此同时”实际上就是他对于“多重情节主线”这个概念的个人表达方式。在那之后，在同一个文本中，我们一提到“与此同时”这个词语，就代指不同故事情节的概念。而现在，当我要帮助读者解除类似的困惑时，我就开始使用这种一时兴起的念头先做一个铺垫，然后转换到“多重情节主线”这个概念上去。

对自己的表达方式要持开放心态，倾听那些与自己的学习者产生共鸣的东西。 最初为了让别人明白你的意思，把句号取名为停止符号，或以图片形式存在于脑海中的心理图像，也许可以提供恰当的口头支持，为稍后适当的专业术语的引入奠定基础。

在本章中，我们仅仅对这个概念做了肤浅的探讨，对它的探讨还可以更深，比这个深入得多，如此只是蜻蜓点水般的探讨，所以，第 6 章和第 7 章要专门讨论我们说什么、我们怎么说，以及教学反馈对我们搭建的教学脚手架以及学习者的独立水平所产生的影响。

工作中评估心态的养成需要时间和练习，你做得越多，你就会越有信心。 尽管有时候，一切都停滞不前，你在某个安静的地方摊开观察笔记陷入思考之中。 这种情形经常发生，就在教学活动的过程中。 这意味着你要保持灵活性。

这是一个不小的使命。 教学脚手架搭建活动具有多向性与多维性，还具有整体性、多样性、同步性和响应性。 它基于你有意识的观察，也要建立在你深思熟虑后所做的决定的基础上，你的那些教学脚手架将会彰显力量，在逐步让渡责任递进发展的过程中，随着学习者学习独立水平的提升，它们将会转变成一个稳步发展、相互交织的支持模式。

建设性反思

1.想出一个你不得不彻底放弃的教学计划。是什么原因使得这节课没能取得成功？在课程规划阶段，你本来可以做些对这节课可能会有帮助的其他什么事情吗？

2.你是孩子观察者吗？你的观察性实践活动都有哪些？你可以做出哪些改进？

3.如果有的话，你感受到了哪些使得你未能保持你想要的敏锐观察力的障碍？你怎样才能有效克服这些障碍呢？

4.你对老师的直觉有多少信任？在什么情况下，你更可能（或不太可能）根据对学习者行为的观察结果采取果断的行动？

5.回想你教过的一节课，它没能按照教学计划开展。弹性教学三角形的哪个顶点看上去好像是问题之所在？你清楚学习者的需求吗？你的教学重点是不是偏离了方向？或者你的课堂教学需要做哪些调整？你将来可能采取什么措施来避免这种情况的再次出现？

6.逐步让渡责任递进发展进程中有没有容易被你忽略或给予过多关注的阶段？你认为是什么原因？对这种情况做出调整可能会对教学脚手架产生怎样的影响？

第三部分　教学反馈

有着强大效果的教学脚手架在一个持续的教学反馈回路中存在并发展，它重视学生的思维活动并以学生的思维活动为前提条件，这样他们就能监控学生的行为方式，并采取后续的恰当步骤朝着独立学习的培养目标前进。

第 6 章　反馈回路：观察、思考并做出回应

我在郊区教书，我敢发誓那里唯一的财政收入就是开超速罚单时所收取的钱财。在每个通道入口都张贴着这样的标语："欢迎您光临文德克瑞斯特[①]！"每个标语的下方则悬挂着五花八门的限速标志，上面非常直白地写着："除非另有说明，限速 20 英里每小时。"

但事实却是这样的：从来就没有什么"另有说明"，整个城镇都是限速 20 英里每小时！谈论超速罚单是必然发生的事情，不要说你没有受到过警告，超速罚单是镇上的话题，从你搬来的那一刻起，从邻居到同事都会加强语气警告你："无论你做什么……切勿在文德克瑞斯特超速，否则你就会领到一张罚单。"

你会认为，考虑到那些随处可见的标语，还有临近城区的传奇地

①译者注：地名，原文为 Windcrest。

位——更不消说我所处的学校就在城市警察局对面的事实——在那里我怎么可能超速呢？

但我却在那儿超速了。

更正：应该是过去我在那儿超速了。也就是说，直到这个城市决定采取一些措施我才不再超速。首先，他们在学校前面的街尾设置了一个警察岗哨。当然，我一看见它就会放慢速度，但是如果路上看不到什么车辆，我就不会很注意我的车速。最后，他们开始每天把一辆空警车停放在同一地点。刚开始的时候，我会轻轻踩一下刹车，但一看到警车里实际上没有坐着可以给我开罚单的人时，我的老毛病就又犯了。

后来有一天，这座城市有关部门忽然脑洞大开，他们祭出了雷达测速指示牌的神器。你明白——那个外观看起来和传统的限速指示牌很相似的家伙，但就在它下方，有一个雷达显示器可以显示出你即时的车速。

那个新的指示牌改变了一切。每次我接近它的时候，我都会脚踩刹车，查验自己是否超过指示牌上的限速，如果车速过快，我马上就会对车速进行校正。不久，我注意到每次我看车速表时，车速都是不多不少的 20 英里每小时。一切都成了习惯。

有趣的是，在此之前也没有什么能阻止我查看自己的车速。事实上，我有很多可供选择的支持性手段：车载里程表，小镇上星罗棋布的警车（载人的或无人的），还有那些在文德克瑞斯特因为超速而被抓现行的人的不间断提醒。为什么仅仅因为一个小小的指示牌，事情从此就变得有所不同了呢？

杂志《连线》上的一篇文章为揭示这个问题的答案提供了一些线索。作者探讨了与此类似的一些场景，着重研究了像我所处场景中那样的雷达测速指示牌是如何发挥作用的，因为它们利用了“反馈回路”的原理，这一概念主要出现于斯坦福大学心理学家阿尔伯特·班杜拉的研究中。当针对某种特定目标不断地给出我们所处状态的具体数据时，这些回路就会出现，从而让我们评估自己取得的进展，然后采取行动。换句话说，如果我们不想因为超速而拿到罚单，雷达测速指示牌反馈给我们的那些确切的关于车速的实时信息，更有可能使我们调整自己的驾驶过程，朝着目的地前进（戈茨，2011）。

文章还讨论了现代科技如何利用反馈回路来改进人类行为。但我联想到的是，当我们在建构区进行课堂教学时，这种模式将会如何让我们搭建的教学脚手架更有效。在某种程度上，我们提问、指点、暗示学生的方式，与学生互动的方式，以及鼓励学生的方式，都可以发挥具有象征性的雷达测速指示牌的作用，每一个指示牌都反映出学生在现实中的学习效果怎么样——这样他们就可以立即采取行动。

但需要注意的是，这些互动不是一次性的、单向的事件。事实上，随着时间的推移，它们在交替发挥作用，这正是需要我们调查学生的学习劲头，提供反馈信息，观察他们的反应方式，反思我们所注意到的事情，并根据观察结果给他们提供更多反馈信息的地方。这样，我们搭建教学脚手架的语言在我们与学生之间持续循环往复——每一个周期都让他们更接近成功。考虑到这个蓝图，我们要研究搭建教学脚手架活动的第三个一般性条件：

有效教学脚手架在具有灵敏反应性的反馈回路中存在并发展，它可以持续推动学习者朝着更高的掌握程度发展。

反馈回路被定义为“为改善或控制事情进程而反馈有关进程结果的信息的路径”（哈里斯，霍奇斯，1995，第 83 页），这是技术性定义。现实中，这是一直在发生的事情。假定你正在节食（事情进程）。每周你都要称量一次自己的体重，看看节食效果如何（有关进程结果的信息），这样你就可以再接再厉以继续节食或调整自己的饮食习惯（改善或控制事情进程）。假设你还想减肥，你会一周一周地将这个进程继续下去（持续的反馈回路），直到达到目标体重为止。 即便如此，你也可能会选择以每周都称量体重的方式来保持取得的减肥成果。

本质上，这就是反馈回路在教学脚手架中所发挥的功效。 在我们瞄准某个特定目标的同时，还给予学习者连贯的、有建设性的反馈信息，告诉他们在做与目标有关的事情时的进展情况，我们就开辟了一条跨越最近发展区的、更清晰的也是更明智的路径。 就像一个雷达测速指示牌或定期称量体重的行为，我们的持续反馈可以诱导学生在接近目标的过程中监控自己的学习进程。 例如，把下面与卢卡斯一起开的写作讨论会作为我们思考的对象，他正致力于完善自己的开篇语：

老师：说说你在写什么。

卢卡斯：我正在写我爷爷去医院看病的那段往事。

老师：我记得，那是你感到很伤心的时候。

卢卡斯：是啊。

老师：我认为要把它写出来真的需要勇气。

卢卡斯：是吗？ 也许吧……但我要尽力把第一部分写好。

老师：你想要一个让人心动的开篇……

卢卡斯：是啊……但我认为现在的开篇不尽如我意。

老师：好吧，告诉我是什么不尽如你意？

卢卡斯：开篇只是让人觉得味同嚼蜡……

老师：你大声读一遍，让我们一起听听它，好不好？

卢卡斯："去年我爷爷生病了，我们不得不送他去医院。"

老师：对你来说，你对文中的什么地方感到不甚满意？

卢卡斯：就像我说的，语言乏味。

老师：我想知道，你想表达的意思是不是文章开篇并没有真正告诉你的读者那件事有多严重。我记得你们异常仓促地把他送到市中心去了。

卢卡斯：是啊，我们一群人乱作一团，真是吓坏了，深更半夜的。

老师：哦，是的，听起来就很可怕。你可以换一种表达方式吗？

卢卡斯：就说我们一群人乱作一团，非常担心，可以吗？

老师：当然可以，如果你想这么表达的话。那么，你怎样呈现出来呢？（眼睛瞥向要点图）你知道的……设想出新的开篇语。

卢卡斯：（随老师的目光瞥去）哦……我可以尝试使用三种不同的开篇语，看看哪一种听起来效果最好。

老师：好呀，我认为这是明智之举。想想那个夜晚……当一切都刚开始的时候……你有哪些感受、做了哪些事情……试着用几种不同的写作方式来记录下那一刻。

卢卡斯：好的，我想我现在知道该怎么办了。

老师：我敢打赌你明白如何着手了。几分钟后我再过来看看你写作进展如何。

大概令你印象至为深刻的是卢卡斯的老师的回应方式，通过那些回应，卢卡斯可以看得出老师在关注着他，也很在乎他的个人经历，并且对他的个人能力有信心。博学的他者和学习者之间的这种类型的激励促进性关系对于课堂教学反馈回路的有效性是如此重要，所以在下一章深入探究建设性反馈的特质时，我们会再详细地回顾这个话题。

但是，除了卢卡斯的老师那富有同情心的举止之外，还要注意她是如何随着一次次连续的回应不间断地给他提供反馈信息，从而引导他向着独立书写给人印象深刻的开篇语的目标前进的。当我们通过这样的学习经历来为学生提供帮助时，以他们的想法为基础，我们的即时反馈会引起他们对自己写作思路的格外关注，这样他们就可以监控自己的表现。你做出回应的方式可能会帮助学生澄清他们的写作步骤，提醒他们想起某种被遗忘的策略，鼓励他们尝试更为有效的方法，甚至与他们一起庆祝他们取得的成功。这样通过让事情进入他们下意识层面的方式，我们就增强了他们的下意识，他们就会明白自己当下的所作所为是有用的还是无效的，并会思考怎样尽其所能让事情有所改观。

我们在一个二年级老师那里看到了这样一个例子，他在帮助一个年幼的作者对句末标识做出修改。当她的老师大声读出几段文字，中间既没有换气也没有句意上的停顿时，那位小作者马上就看出了问题所在，并把恰当使用句末标识的重要性铭记于心。然后，他们两个人一起通读全文并对文章做出修改，中间老师会时不时地询问："思考一下，你想让你的读者在什么地方停顿下来，要在那里添加句末标识吗？好的。那么，为了告诉他们句意的结束，你想在那里放一个什么样的句末标识？"从而给出信息反馈，增强她的下意识。

以下是一些与信息反馈有关，鼓励学生进行思考的其他例子：

- 再读一遍，听听你是怎样把语句连贯起来的。
- 你的计划是什么？
- 读到那里时，你在思考什么问题？
- 你对了吗？
- 这对你有效果吗？
- 告诉我，当读者读到你书写的文字时，你希望他们的头脑中产生什么样的形象。
- 你为什么这么说？
- 让我想想我是否弄对了。你考虑的是……（总结学生的想法）
- 你怎么做到的？告诉我们你的策略。

在你努力巩固教学脚手架时，要注意你们的互动是如何让学习者对他们自己正在采取的战略行动有了更清醒的认识的，这样他们就可以评估自己取得的进展并朝着正确方向迈出下一步。

观察、思考以及做出回应：为反馈回路提供驱动力

搭建教学脚手架的每一次经历都是独一无二的——每一次都有自己的一组参与者，每一次都有自己的动力机制，在逐步让渡进程中的不同节点，每一次经历都发挥着作用。因此，当孩子们在这些个性化的搭建教学脚手架的情境中学习时，我们需要深思熟虑，针对不同学生做出不同的回应，这是有道理的。为有效的教学反馈回路提供动力的是我们的一系列行动，这些行动包括观察我们的学生、研究与思考学生的学习需要和个性特征，然后用最恰当的反馈做出回应，引导学生靠近独立性的目标。

观察

在前几个章节中，我们探讨了搭建教学脚手架活动积极回应的特性，并结合评估在这一过程中起到的作用给予了特别关注。在这里，我们把评估的那些同样的特性应用于反馈。大多数情况下，在搭建教学脚手架的整个过程中，有了围绕着最近发展区所组织的教学活动过程中所做的那些非正式的、即时的观察，你才能为学生提供建设性的反馈。在第五个 S(survey，即调查)的基础上，倾听他人，观察学生的行为，要对自己的教学重点有清晰的认识。询问问题，收集数据，并监控他们对你的课堂教学做出反应的方式。

思考

利用你对学生行为和课堂反应的观察，思考他们在培养独立性的进程中所处的位置，以及他们后续的学习需要什么。解读所收集的信息，在有充分信息根据的基础上做出决定，什么样的反馈才能为你的学生提供最好的支持。在这个阶段，需要追问以下几个问题：

- 我对看到的所有这些证据进行怎样的意义解读？
- 基于这些证据，我们与目标的相对位置在何处？
- 我现在能给出的最有效的反馈是什么？
- 我能说些什么或做些什么来帮助这个学习者趋向于独立性目标？

做出回应

以你的观察和反思性决策为基础，有意识地以有助于学习者看到诸多选项的反馈方式做出回应。一定要以一种支持性的、有利于孩子成长的方式传递你的反馈信息。最重要的是，记住你做出反馈的目的是为了帮助学生了解他们的行为方式是否需要进行必要的调整、他们是否需要做出选择以及采取行动。

在下面的例子中，请注意这种观察、反思和做出回应的课堂实践是如何帮助我们确定下一步给予学生最佳反馈的。比如，我们观察下面的读者，乍看之下是他们在最近的一次小组学习课堂实录中漏读了同一个单词。原句是："The chickens played in the yard."（小鸡在院子里玩耍）

读者一：The（看了看图片）animals played in the yard.（动物在院子里玩耍）

读者二（反应极快地读出来）：The sun played in the yard.（太阳在院子里玩耍）

读者三：The ch-（停顿下来，把课文和图片搜索了一遍，然后抬头把求助的目光投向老师，又搜索一遍，直到最后老师告诉他那个单词是"chickens"）chickens played in the yard.（小鸡在院子里玩耍）

读者四：The（停顿）children played in the yard.（孩子们在院子里玩耍）

你将如何以建设性的反馈方式回应每一个学生的阅读尝试，使得他们后续的阅读努力更为成功？当然，漏读的是同一个词，但它是由不同的误区造成的，因此，也应用不同的回应方式来对待他们。当谈到有效反馈时，不要有一刀切的心态，你说的话必须直接量身定做以适合于学生个性化学习情境中不同层次的需要。

首先，我们需要反思我们的观察结果以及对这些学生的了解。例如，如果你知道读者三是一个才说了几年英语的英语学习者的话，你做出回应的方式是否会受到影响？又或者读者二告诉你她的姓是“Charles”，而“Charles”这个单词中有“ch”这个字母组合的话呢？如果我告诉你，读者一的老师已经和他一起上了好几节课，课堂上老师用有意义的图片为他提供了学习支持呢？又或者——如果我把我的工作都做好了——你在做出决定之前想知道与这些孩子有关的更多事情吗？

显然，你在反馈回路中的反应方式取决于孩子的不同以及教学脚手架搭建活动的具体情况。这种为学生量身定做的回应方式要考虑多个信息来源：

• 过往教学经历：这个学生接触过有助于他获得反馈的何种类型的教学活动？

• 背景知识：学生已经掌握的哪些有用的东西可以成为反馈的基础？

• 学习准备：在学习连续体中，这个学生承担新层次学习责任的准备程度如何？

• 对于学习目标的趋近程度：这个学生当前的学习努力距离目标有多近？什么样的反馈会使得他更接近目标？

• 学习独立性的水平：我们处于逐步让渡进程模式中的哪一阶段？要推动学生穿越最近发展区，我能说些什么或做些什么？

回顾一下我们在读者三的阅读过程中所观察到的结果，想一想这些考虑事项将如何帮助他的老师做出有益的回应。即使她不得不把那个单词（chickens）告诉他，看到困难时他对学习目标的趋近程度就能让我们了解到他作为读者的很多事情。很明显，在前进的路途上，他学会了运用一些策略（过往教学经历）。他尝试发出第一个音，观看图片，搜索课文，甚至在老师没有回应他第一次求助时又一次去搜索。他用尽一切能使用的办法，尽可能承担更多学习责任去攻克这个生词。然而，尽管他在解决问题时的学习独立性很强，但我们的小读者仍然没有取得成功。在看到发生的这一切的时候，老师似乎怀疑他不知道“小鸡”所对应的英文单词（背景知识），当时只是觉得最好告诉他这个单词，然后继续读下去。考虑到这一切，也许她能做出的最有建设性的回应就是，识别并肯定这位小读者所有的那些至关重要的阅读尝试，这样他就会把那些尝试坚持下去，然后抓住时机直接引入对单词“chickens”的学习，他就可以开始把这个新单词融入他的英语词汇之中（学习准备）。

就像一个足球运动员不断调整他的动作以适应赛场上分分秒秒的波动那样，为有益的反馈回路提供动力的是这样一种能力，即观察学生并反思你所看到的观察结果，做出建设性回应，然后努力推进教学活动的深入进行——所有的一系列教学行为。这基本上就是形成性评价的全部内容：在当下利用数据做出回应，以便让学生进行必要的调整。当然，这需要机智敏锐的眼光，而且最初时，对你来说它可能并不是与生俱来的。但这没关系，随着时间的推移和实践经验的积累，对孩子们进行观察、思考并做出回应的反馈回路将成为你常规教学实践的一个无意识的组成部分。

关于反馈回路的最后一个提示是，你也可能已经注意到了这一点，在搭建教学脚手架的典型场景中实际上有两个反馈回路在同时发挥作用。一个是基于我们对于学生学习努力情况的反馈，另一个则建立在对学生学习行为进行认真思考的基础上，这些行为可以让我们看到自己的教学效果怎么样。

有效的教学脚手架存在于互惠的反馈回路中，教师和学生双方在这样的反馈回路中可以使得对方的行为表现更具活力。 例如，当我们回顾前面卢卡斯和老师之间的写作讨论会的时候，卢卡斯是根据老师给他的信息反馈来调整自己的写作进程的，但即便如此，他做出的那些回应也为老师后续的教学步骤指示了方向。

这凸显了反馈回路所具有的信息给予－获得的性质，甚至在我们给予学生信息反馈的同时，他们的行为表现也在向我们传递信息——而且是实时传递——有关我们的教学语言对他们的教学脚手架搭建目标的进展过程产生多大效果的信息。 在这样一个互动的持续循环中，反馈回路为一个持续的模式提供驱动力。 在这样的持续模式中，我们的教学努力得到了揭示，同时，也给了我们一个监控教学效果、纠正或巩固我们的教学努力的机会。

在上一章中，我们研究了如何密切关注孩子的学习努力才可以使我们对弹性教学的需要保持活力，并讨论了为了有效保持这种活力，我们怎么样才能保持一种持续评估的心态。 与此相同的保持警觉性的理念在我们的教学回应中发挥着举足轻重的作用。 教学反馈正如其他任何事情一样，都是需要认真倾听和观察的，反馈回路展示的是教学脚手架本身所具有的以更大规模评估为基础的、具有积极响应性的特质。 与此同时，我们让学生知道他们的学习状况如何，我们处于持续信息反馈模式之中，监控自己的教学成效，那么，我们就能够运用他们所需要的精确的教学反馈语言做出适当的教学反应，让他们向着独立学习的目标前进。

从本质上讲，学生在学习上做出的回应为我们下一层次的教学反馈提供了驱动力。

建设性反思

1.对于反馈回路你有着什么样的亲身经历（例如，雷达测速指示牌、定期称量体重等)？ 反馈回路是如何帮助你在专注于一个教学目标的同时实施自我监控的？ 这些经历是如何影响你的教学反馈方式的？

2.思考你最近搭建教学脚手架活动中的相互作用。 你目前的教学反馈水平为你的学生承担起自己的学习责任，并朝着独立学习的方向迈出战略性步伐提供了多大程度上的支持？ 你可以增强自己在这个方面的意识吗？

3.你的教学反馈以何种方式将学生的意识植入他们自己的学习过程中去？ 你做出的教学回应有助于他们对自己的想法进行监控吗？ 你怎样才能做得更好？

4.在搭建教学脚手架的过程中，需要你注意的因素如此之多，你如何调整你的教学反馈，使得它反应更积极、更迅速？ 你对你的教学反馈满意吗？ 或者你可以在这个领域做出一些微调吗？

5.在你授课的过程中，学生学习时做出的反应可以在哪些方面为你的教学回应提供方向呢？ 你是在考虑接下来要说些什么呢，还是在留待观察孩子们的学习行为之后再做打算？ 在对他们的学习努力做出回应之前，你投入了多少精力用于思考事情？

6.你在教学中观察、思考并用适当的信息反馈做出教学回应的能力稳定吗？ 在你当下的职业生涯中，这是凭着直觉就可以做到的，还是你现在正在学习这种行事的方法？ 在这个方面你可以采取何种方式做出改进？

第 7 章　建设性反馈：以有利于培养独立性的方式做出回应

年幼的读者和作者极其重视我们给予的反馈信息，他们能很容易地通过我们的说话内容与说话方式推断出我们情绪的好坏、我们真诚与否，甚至我们不满意的程度有多大。尽管这可能是他们完全无意识的推论，但孩子们还是能轻而易举地弄清楚我们是如何看待他们以及他们的能力的。

说白了就是，我们所说的话具有强大的影响力以及潜在的价值。这些言语能够激起学生奋斗的热情、传递信心、传达期望、表达信任。而且，它们还能转变思想、塑造观点、澄清误解以及弘扬独立性。

在上一章中，我们探讨了反馈回路具有的积极回应的特征，以及这些渐进的周期是如何共同发挥作用的，以促进学习者越来越接近独立自主的学习状态。接着这个话题，这一章是关于建设性反馈的——在反馈回路中为了支持阅读者穿越最近发展区我们所说的能制造生长点的那些话语。从本质上来讲，它与我们在建构区与学生之间进行的互动的、无时无刻的对话有关，这些对话发生在老师教学、训练、提问以及观察学生的过程中。

但是，建设性反馈还包括以传递支持与鼓励性信息的方式与学生共处并建立关系，换言之，它不仅与我们“说什么”有关，还与我们“怎么说”有关。

对于漫不经心的观察者来说，这些互动可能看起来就像是师生之间普通的日常会话，但是再深入探究的话，你将会发现每一次交流的背后都有绝对的因由。你说什么话以及你怎样说话都能给你的教学脚手架带去连锁反应，因此，你必须确保自己在逐步让渡进程中的每时每刻都要对反馈的目的保持完全清醒的意识。

建设性反馈的特征

作为教师工具箱中最常用也是最具影响力的一种技巧，有效反馈能激发学生的学习动机、提高学生的学习成绩，并且在教学脚手架拆除之后的很长时间内，也会对学生的自我拓展系统产生助力（卢瑟福，2012）。但是，与教学脚手架搭建过程中我们可能说的其他一些话语相比，是什么特征使得我们的反馈更具有建设性或者缺乏建设性呢？我们怎样才能使得我们的反馈像搭建教学脚手架的其他环节一样在本质上具有目的性呢？

正是恰当、适时的反馈才使得平庸的教学与有效的教学区别开来，并且与其他特征相比，某些特征能让我们的反馈更有效。当我们审视建设性反馈的这些特征时，请记住我们所说的话语一定要鼓舞人心，对人有所帮助，能启迪人的思维，而且要及时。通过反馈，我们无时无刻向学生传递的那条信息就是，他们有能力承担起责任来对自己的成功施加影响。但最重要的是，有效的反馈建立在与一个富有爱心的博学的他者的鼓励性关系之上。

建设性反馈建立在支持性师生关系之上

当教师与孩子一起交谈、思考、工作以共同建构新的学习活动时，师生间建立起来的积极友好关系可以刺激学生大脑额叶释放出内啡肽，从而使学习活动变得更加愉悦，也更富有效力(索萨，2011)。这很容易引发你的共鸣，因为你目睹过这种事情。回想一下你过去有过的那些愉快的学习经历，很有可能，你那位博学的他者用那种可以为你的学习活动提供支持的最恰当的方式与你对话，对话让你感到如沐春风、笃定安然。

我们的小读者和小作者需要这些相同的东西。埃里克·詹森在其著作《牢记贫穷的教学》(2009)中指出，因为我们面对的学生对这种安全、可靠关系的追求是与生俱来的，"教师与学生间建立的关系为学生达到学习目标、完成社会化、增强学习动机和优化学业表现提供了一个便利的也是最有效的通道"(第20页)。换言之，当我们与学生建立起关爱关系，以一种能向他们传递支持性的、能激发他们学习兴趣的积极信息的方式耐心地与他们交谈时，学习过程中的他们将会做到不遗余力。

有效的教学脚手架——以及为教学脚手架提供导向的反馈回路——是由这些类型的支持性师生关系驱动的(维果茨基，1978)。当反馈传达了在情感层面上的支持时，我们就能激发学习者的学习动机，并对学习者的课堂行为产生积极影响。但要接受这些反馈的话，孩子们就需要信任给予他们反馈的人。我们定下基调，以积极的口吻与有爱心的举止发起的互动有助于传达一个可靠的信息："我是你可以倾吐心声的对象，我是会仔细聆听你的人，这是一个可以让你获得成长的安全场所。"

要对那种认为你的孩子们能自动认知到这一点的想当然的观点保持谨慎态度。很长一段时间以来，我都认为这是理所当然的，直到有一天我真的去问过学生才知道不是那么回事。那时候，三年级学生克里斯汀看起来在学习一个特定概念时遇到了巨大困难，我暂停授课去问她：“克里斯汀，你没什么问题吧？”她回头看着我，显得极为沮丧。“别担心，”我鼓励道，“你会弄明白的。”她又一次把目光投向我，并不买账。出于好奇，我就问她：“你相信自己能做到吗？”

“不信。”几秒钟后她小声地吐出几个字。

她的回答让我感到担心，如果她认为这种事情不可能发生的话，那她又怎能取得进步呢？我更加疑惑了，于是又问道：“克里斯汀，你认为我相信你能做到吗？”她耸耸肩。这样的回应方式依然令人沮丧，纵然她意识到我对她有信心，但显然不足以使她信服。

从那一刻起，我发誓要让自己与所有学生之间的互动能给予他们支持和鼓励，我想让他们知道我对他们经历的困难感同身受，并且真心实意地相信他们会取得成功。

而且，我希望我的反馈能清晰明确地传递以上信息。

在搭建教学脚手架的过程中，让学生知道我们关心他们的主要方式就是把握当下，做到关心体贴。当我们手头上有着千头万绪的工作时，想要做到这一点很不容易，但给予孩子毫无保留的关爱可强化师生之间的关系，这对于强化反馈效果来说是一种价值无法估量的方式。

• 采用积极的口吻与有爱心的举止。

• 找时间与学生聊天，让学生看到老师真正关心的是对他们本人的认识与了解、他们如何做到的以及以后的打算与未来的方向。询问他们的生活，了解他们的学习进展以及个人目标。

• 给学习者留下做出回应的时间，并聆听他们的回答。

• 与孩子们一起欢笑，让他们看见你随和、感性的一面。

• 问问孩子们的想法，征求孩子们的意见——并逐步归纳、融合这些观点。

• 尊重所有孩子，让孩子们从同伴处得到同等的或更多的尊重。

• 用心倾听——如果你无法立即这样去做，一定要留出一些时间对他们跟进关注以兑现这件事情。

建立紧密牢固的师生关系同样需要我们花时间通过学习者的眼睛理解他们的处境——真正深入了解他们的所想所感。这种移情反应传递的基本信息就是："我关心你，我相信你，我想了解你的经历，我的工作前提是无条件地相信你完全有能力取得成功。"请把下面四年级学生布丽安娜与老师之间的互动作为我们的思考对象。

老师：我能帮助你吗？你似乎遇到了困难。

布丽安娜：不用，我没什么问题，只是正试着选择接下来要阅读的书而已。

老师：好的，有哪些选项呢？

布丽安娜：我挑选了这两本，现在我想从中确定一本。

老师：好的……说说你是怎么想的。

布丽安娜：嗯，我从未读过这种类型的书，所以我可能要试试这一本，但是……你还记得上个星期我们在小组阅读中读过的那本关于熊的书吗？

老师：当然……我记得你非常喜欢那本书。

布丽安娜：是的……我很喜欢……这本也是那位女士写的……但是是关于狼的。

老师：我想，你做决定是出于那个原因吧？

布丽安娜：我想是的，我的意思是……我喜欢她另外的书。（想了一下）我觉得我还是想读这本。

老师：和我想到一块儿去了。

在这段简短的对话中，注意老师是怎样给予反馈让布丽安娜知道老师在——

- 关心她（我能帮助你吗？你似乎遇到了困难）；
- 试图了解她的经历（说说你是怎么想的）；
- 相信她作为学习者的能力（和我想到一块儿去了）；
- 以学习者的身份来了解她的学习过程（我记得你非常喜欢那本书。你做决定是出于那个原因吧）。

所有这些反馈促使布丽安娜进一步思考，相信自己的直觉，争取更大程度的自主性。当你和学生共处时，设想一下怎样使你的反馈能以类似的方式为他们提供支持。另外一些包含移情反应的例子可能包括以下这些回应性话语：

- 我注意到你……
- 请告诉我更多的……
- 请帮助我理解……
- 你对此有何感想？
- 咱们聊聊关于……
- 你在做（尝试）这件事的时候，对自己说了些什么？
- 告诉我你是怎么做到的。
- 你看起来好像在思考（假定某事），对吗？
- 说说你是怎么想的。
- 我明白这对你很重要。
- 你为什么这么说？
- 你能告诉我最难的部分在哪里吗？具体难在哪里？
- 我能感觉到你很兴奋/沮丧/犹豫……
- 我猜如果你……

当你试图改善与学生的关系时，你还需有意识地关注你的非言语性话语，让它成为言语性话语的辅助手段以便更好地传递信心、同情和赞许。哪怕是世上最积极的回应方式，如果伴之以冷漠消极的肢体语言、语气音调和表情，其作用也会大打折扣。因此，还有另一种为学生提供支持的方式可能是你不太了解的，那就是时刻注意与学生的非言语沟通方式。仅仅使学习者听到我们鼓励的话语是不够的，他们还需要看到和感受到我们的意图。你倾听与做出回应时的那些非言语表达方式能让人感受到你流露出的真诚，并强化你言语反馈的效果。

我们中的大多数人都会惊讶于我们同孩子之间的互动有多少是非言语性的，更不用说它们能产生的持久影响力了。我曾看见一位老师在听完一名二年级学生的朗读之后与之交流，老师让学生把书本翻回到刚刚他“卡壳”的那一页，指出学生在朗读中依靠自己的努力就能解决掉的一个困难：“哇！我注意到你之前在朗读过程中被这个词难住了，你停了下来，变得很安静，然后抬头看向我。接着你瞟了一眼书中的插图，又想了一小会儿，然后你突然明白了。”

“是啊，”学生说，自豪的笑容在他脸上蔓延开来，“真的好难！”

“我都看到了，它费了你不少工夫！”老师说，“你能告诉我，在停顿下来的那几秒钟你在想什么吗？那会儿你那么安静！你是怎么突然搞明白的？”

“嗯，”他坦言，“起初我以为我做不到……接着我看了看你……我感觉你对我充满信心，相信我能行……结果……我就做到了！”

尽管这大概并不是这位老师意图达到的结果，但她的小读者正试图说清楚一些重要的东西，如果你不注意的话会很容易将其忽视。当这位小读者停下来望向老师寻求帮助的时候，老师仅仅眨眨眼，笑一下，再用一种鼓励的表情看看他，那表情似乎在对他说：“我对你有信心，你可以做得到！”

像这样的互动，我们虽然没说一个字，却传递出强有力的信息，这说明我们的非言语交流能有效地支撑言语反馈来传达关爱以及与学生建立紧密关系。以下是一些需要额外考虑的建议：

• 与学生在一起时和他们保持同等高度——拉一把椅子，坐在地板上，或在他们旁边屈膝蹲下。

• 点头示意你正在倾听。

• 调整你的面部表情，让学生看到你很感兴趣，你在关注或陷入沉思中。

• 保持微笑，的确有时候这一点很容易被人忘记。

• 经常性地用充满关爱的目光与学生进行眼神交流。

• 说话时用语气语调传递给学生你对之很感兴趣的信息。

• 给予学习者你全部的注意力，悉心倾听他们的话语，聚焦并参与他们说的话题。

• 立场要开放，姿态要轻松，身体前倾以示兴趣。

指导孩子不断超越自我以企及以前不能达到的高度，需要我们有大量专业性的知识，但也涉及同情、理解、仁爱与体贴的投入。最近发展区可能是一个令人望而生畏的地方，处处都充满了新的挑战、尝试性的知识水平和谨慎而又令人生疑的从个人理解出发的衡量尺度。除了帮助学习者为后续阶段的学习定位、导航之外，作为博学的他者，你要扮演的一个角色应该是一名站在学生身旁的鼓励者，让学生受到鼓舞以及得到安全保障。

如果我们希望孩子们重视我们提供的反馈并在学习中保持开拓精神，那么我们必须与他们建立并维持强大的支持性关系，在这样的关系中，他们才能积极自愿地参与到学习进程中去。这进一步证明了我们已经了解到的事实：当学生看到我们对他们以及他们的学习情况很关心，并花时间就此进行沟通交流时，受到激励的学生将更加努力地同我们一起学习。

当我们关注师生关系时，隐藏于我们言语背后的信息将会给学生带来自信与确定性，“你并不孤单，我相信你，我将会一直陪着你，直到你做好离开老师的帮助也能独立学习的准备”。

建设性反馈以过程为取向

一直以来，我们接受的教导是赞美很重要。用“干得漂亮”“我喜欢你解决问题的方式”等话语对学生的表现做出回应，这早已被传统智慧所认可，这种做法被视为是提高学生参与度、激发学生学习动机、促进学生发展的一种方式。但聚焦于学生人格特征或个人能力的反馈可能会产生我们意想不到的反向效果(平克，2009；卡明斯基、德韦克，1999)。例如，如果我说：“梅恩，干得漂亮!”这意味着我可能会面临这样一种风险：梅恩的学习动力越来越依赖于我对她学习表现的认可程度。即便是点着头说“我喜欢你解决问题的方式，梅恩”，也只不过是老师对她个人学习过程中一次策略性学习尝试的肯定。以“我喜欢……”的方式开头，很容易向梅恩传递出这样一个信息：她学习都是为了取悦我。

在借鉴卡罗尔·德韦克（2006）原有研究成果的基础上，彼得·约翰斯顿在其著作《开放的心灵：用语言改变生命》（2012）中，通过对两种学习类型的学生的区分与这些细节建立起一种联系，一类学生的学习是从固定绩效观出发，他们把自己遇到的困难看作预先安排好的也是不可改变的；另一类学生的学习则从动态学习视角出发，持这种视角的学生则能看到更多学习选项，并感到自己有能力去实现种种可能性。约翰斯顿还进一步区分了过程取向反馈（基于学习、学习策略和学习努力程度的反馈）与个人取向反馈（由个人魅力、评价和教师喜好等特质提供动力）之间的差异，并解释了我们使用的这个表格如何才能对学习者改变和提升自己学习成果的自信心产生持久的影响力。事实上，个人取向反馈会促使一种固定表现心态的形成，而过程取向反馈则有助于养成动态学习的视角（参见表 7.1）。

表 7.1　个人取向反馈与过程取向反馈的比较

	个人取向反馈 （无益的）	过程取向反馈 （建设性的）
示例	•“我因你而骄傲。” •“让人印象深刻……你真是个天才。” •“你干得真漂亮！” •“你是个优秀的阅读者。”	•“你对此进行了思考，还想出了新方法！” •“你看过图画后赋予了画面新意义。” •“你添加事实细节的方法有助于你的读者了解鲨鱼是如何捕食的。” •“朗读时你把单词组合在一起，听起来像是在交谈一样。”
暗含信息	• 一个好的阅读者的特性，以及聪明的头脑都是天生的，你有就有，没有就没有 • 你成功与否以及成功的程度完全取决于你是否能让我高兴、让我满意	• 成功源于努力学习以及战略构思 • 你有能力评估你的工作、评估你取得的成功，并判断你是否满意为此所付出的努力，以及这样做是否符合个人意愿
未来的影响	• 固定表现	• 动态学习
可能效果	• 相信我们的能力是与生俱来的，没有做出改变的太大空间 • 将困难视为挫折 • 可能不相信策略和努力的重要性 • 自我责备和无助 • 将未来的成功归因于天赋	• 相信可以通过坚持不懈与努力来增进个人才干 • 将困难视为机遇 • 相信努力能对成长发挥影响力 • 自力更生 • 将未来的成就归因于矢志不渝的努力

约翰斯顿认为，好消息是，我们可以借助这一原理精心设计反馈，以使学生相信凭借个人能力就可以获得成功。考虑一下这样的例子：“你对你了解到的那些有用的东西进行了思考”，或者“在你描写海滨别墅时，你

那些话语让我头脑中展现出了它清晰的影像”。在这些例子中，反馈可以唤起学生对学习过程的关注——他采取的步骤以及他的学习行动、学习策略和努力学习后获得的成果——而不是去关注他学习上的尝试是否有价值或者其学习取悦于老师的那种性质。

需要记住的是，建设性反馈的目的在于帮助学习者发生改变以及获得成长。如果我们希望学生进一步提高，那么我们所说的话要让他们能形成一种信念体系，该体系让他们相信事实上的改变和进步是可能发生的。鉴于此，建设性反馈是过程取向的。它与赞美或责备无关，也与赞同或反对无关，相反它聚焦于行为，而不是个体的人。它客观地做出回应——无涉于价值判断，也不隐含什么个人价值或价值观——为了帮助学生对自己的学习进行监控，由此他们就能清楚地看到什么是成功的，什么又是需要做出进一步改进的。

建设性反馈的有用性

表 7.1 中的过程取向反馈示例都有一个共同之处，那就是它们都可以为学生提供一些可资利用且较为实用的东西。例如，“让人印象深刻……你真是个天才”，这样的反馈虽让人听之受用，却毫无建设性。这句话中没有任何可以让学习者拿到未来的情境中加以应用的东西。相反，类似于“你对此进行了思考，还想出了新方法”这样的反馈则暗含着他们哪些学习行为是有效的，以及倘若以后学生卡壳了，他们就可以采取同样的应对措施这样的有用信息。想想那些有助于树立“我是一个在事情变得棘手时会寻找解决问题的替代性方案的人”这样信念的信息，对于孩子来说，这绝对是一个可以在将来加以运用的赋权策略。

这突出了建设性反馈的一个重要特征：它必须是有用的。我们所说的话应强调的是那些学生当下能立即应用的，或日后可以借鉴利用的东西。

过程取向反馈正符合这一要求，因为它追求的是战略思维的预期目标并能提升学生的战略思维能力，为学习者采取行动以影响他们的成功可能性留出空间。

最重要的是，有用的反馈是以行动为导向的——可以追问的有效问题就是："此时此刻，我所说的话怎样才能为我的学生提供支持，怎样才能提升他们的思维能力，这样他们就可以采取后续的战略行动朝着独立学习的最终目标前进。"

- 他们需要一些有助于自己取得学习进展的信息吗？
- 他们应该维持那些正在发挥作用的东西吗？
- 他们需要一个快速的提醒吗？
- 用一种新方式来看待事物对他们有益吗？
- 他们可以尝试一种新方法吗？

这里的目标在于让学生积极主动地参与自己的学习活动，有效的教学脚手架搭建者要尽力保证给予学生的反馈能激发他们做出果断的反应。无论我们是总结他们的学习过程，帮助他们找到学习过程中出现问题的地方，还是强调取得成功过程中他们那些发挥作用的学习行为，我们与学生之间的互动交流需要促使学生反思自己的学习过程，并号召他们采取某种行动。

如果学生真的打算采取这样的行动，最为关键的事情就是让他们弄清楚我们所说话语的含义，以及如何利用这些反馈来帮助他们取得进展。大卫·索萨在其所著的《大脑是如何学习的》一书（2011）中强调了两个重要问题，它们决定了学生断定教师对他们的教导是否有价值："我听得懂吗？""这有什么意义？"虽然索萨在书中探讨的主要是人类的大脑以及它选择记忆、储存的内容，但这些标准能同样有效地帮助我们断定学生是否发现我们的反馈有用。识字教师琳达·多恩和塔米·琼斯（2012）支持这一观点，在《识字过程中的学徒期》一书中，他们把类似标准运用于分析我们的教学语言，指出除了确保孩子们能清楚地理解我们的教学指令之外，还需追问自己，我们的回应是否对他们有意义，我们的回应与他们正试图达成的学习目标是否相关。

例如，一个深秋，卡拉转入我们学校并加入了一个成立于九月的阅读小组。在这个秋天早些的时候（在进行了一项毫不相干的制作面食项链活动之后），阅读小组以一种分摊活动的方式把单词组合在一起，以图促进流利的措辞表达，活动时说的话就是“把它串联起来”。当卡拉加入我们的时候，“把它串联起来”在小组成员的对话中已经成为一个惯用词汇。卡拉上了几次课后，我俩在一对一阅读时刚好遇到了需要进行流利措辞练习的地方，我就提醒她：“读的时候记得把它串联起来。”

她皱起眉头抬头看着我，并一本正经地说：“我甚至连那是什么都还没搞明白呢。”这时我才意识到自己的错误，她当然搞不明白！“把它串联起来”这句话对她来说简直毫无意义，因为她没有参加我们之前给面食项链下出定义的过程，她也不知道作为该活动结果的面食项链与流利措辞表达之间的关联，我的回应也就不会对她产生任何意义。尽管我是出于好意，但给她的反馈却毫无价值。

有多少次我们陷入过这种教学误区？有多少次我们都是用意义不大或者毫无意义可言的反馈来回应我们所面对的小读者与小作者？又有多少次我们用自以为是但对孩子来说并无意义的反馈来回应他们？如果学生无法理解我们的反馈或我们的反馈对于他们而言是毫无意义的话，他们根本就不能受益于反馈。

你的反馈学生是否听得懂？

为此，请对你的反馈加以监控，以确保在回应孩子们时采用易于被他们理解的、为他们所认同的语言。老师要锻炼自己清晰明确表达的能力，尤其要注意那些类似于“把它串联在一起”的惯常表达方式，这些表达方式学生们可能并不能轻易理解，或者事实上你就没给他们解释清楚。回想一下你对灵活的个性化反馈的认知，你就可以认识到，一个学生很容易就能理解的东西，对于另一个学生来说就是个难解的谜。为了让你的反馈有用，你必须足够清楚地告诉你的学生你们要往哪里去，以及你的教学指令是什么。

为了使你的回应清晰明确，注意不要给孩子们以轰炸式反馈。和你以往所闻相反，人类的大脑实际上并不适合跟踪多重任务，同一时间内孩子把注意力集中到多项事务上是一件很困难的事情(麦地那，2008;索萨，2011)。一次性给学生讲太多东西会使他们陷入困顿之中，他们也就无法理解我们的回应。通常来说，尤其是当孩子遇到困难时，可以预见的是，教育时机的激增是很难发生的事情，并且我们想要解决所有的问题。尽管一切看上去都很重要，但是让学生淹没于反馈之中只会降低他们利用反馈促进学习的可能性。

为使反馈有用，我们必须学会管理它。考虑一次只回应一个问题，还要考虑在搭建教学脚手架的一段时间内对反馈的次数加以限制。盘算一下你致力于应对的关键领域，并考虑你可能说的与该领域有关的那些内容，将会是最有效的做法。这样做肯定会优先考虑你所担任的角色，但它也会增加学生理解你所说内容并将其付诸实际行动的可能性。

你的反馈是否与学习者有关?

仅仅让学生理解你的反馈还不够，要想让反馈发挥作用，你所说的话应当与学生及其学习需求相关。为了达成这一目的，你的反馈最好适用于学生手头正从事的学习活动，着重强调这些反馈如何能助他们一臂之力，以便于他们能迅速投入学习活动之中并取得学习成果。

相关性会因人而异，就如某件事能否被学生理解，以及对于一个学生来说有意义的事可能对于另一个学生而言则毫无价值那样。为了反馈的相关性而进行监控，就必须保持一种评估心态，通过追问自己以下问题来保持对最有益反馈的关注：

- 我的反馈是这个学习者推动学习进程所需要的吗？
- 我的回应能否指引这个学习者将其应用于当下的学习情境？
- 我现在所说的话除了能帮助他在当下的情境中取得成功之外，在其他情境中也同样有用吗？

在每一种情况下都务必找到一些方法来强调为什么学生需要你提供信息，这些信息将如何帮助他们，以及何时使用这些信息，以此方式与你所说的话建立关联。

另一种使得你的反馈有意义的方法就是，帮助学生在期望老师的支持时找到表达自己学习需求的途径。例如，向小读者与小作者们展示如何筹备一场讨论会，这样当你拉过来一把椅子的时候，他们就做好了列出自己所需支持的具体类型的准备，这可以帮助你精选你的反馈并使它更具相关性。当学生看到你的回应和他们的学习之间的直接联系时，就增加了他们消化吸收你的反馈信息并在需要时采取行动的机会。

要记住，对于许多孩子来说，表达他们自己的学习需求并非自然而然的事情，对于那些学习很吃力的学生来说尤其如此。表达自己的学习需求也不是你的那些小读者和小作者们所能做到的事情，你可能需要花一些时间来指导他们有效识别什么对他们最有帮助。在这一过程中，可以为你与孩子们的互动交流提供方向的语言包括：

- 什么对你没用？
- 你能否重读一遍，然后告诉我最难的部分在哪里吗？
- 你需要我提供什么样的帮助？
- 跟我说说你写的这段话，你想要表达什么？
- 请帮助我了解一下它的棘手之处。

· 你给我读你的作文时，想让我听什么？

· 给我说说你卡壳的地方。

最后，有用的反馈不用担心其具有的矫正性特征。 对于有些人来说，矫正性教学的想法会让人联想到一位反复无常又凶巴巴的女教师，和孩子交往时眼里容不得一点儿沙子且言语尖酸刻薄——但这不是我们在这里要探讨的话题。 当我们说“矫正性反馈”时，所指的是用清晰的描述性信息来对他们正在做的事情做出回应，帮助他们了解自己的学习行为中哪些产生了效果，哪些没有产生效果。

我曾与一位幼儿园的学生进行过一次非常生动的交流，他坚信自己写的字母“J”是对的。“乔纳森，”我在课堂上对他说，“因为你用字母‘J’的时候最多，让我来教你怎么写吧。”

“噢，汤普森先生，我知道怎么写，”他说，“我的名字里就有‘J’，看到了吗？”他走到白板旁写下他的名字——却把“J”的钩写反了，“你瞧！”

“问题就在这儿，乔纳森，这样写不太对，”我回答时给他演示了一遍，“你开始写时笔顺是对的，竖笔往下……但是当我们写到底部的时候，我们应该……这样打钩。”

“不，”他自信地说，“笔顺不是这样的。”

“你确定？ 嗯……让我们一起看一下其他的‘J’是怎么写的吧，看看我们是否可以找到答案。”我就近找到一本书，和他一起翻阅。“这儿有一个。”我说。 我们研究了那个“J”，并与乔纳森写的“J”进行了比较。“这儿还有一个，那儿还有另外一个。”我俩把调查进行下去，都渴望证明自己是对的。

随着一个接一个的例子，乔纳森的脸渐渐板了起来，直到最后他才相信自己确实写错了。 他抗议道：“啊，伙计，按你所说我一直都写错了呀？ 为什么没有一个人告诉我？”

或许有人告诉过他，但这不会记录在案。或者他的父母和老师有其他更紧迫的教育问题，并没有把写字母“J”看成乔纳森需要优先考虑的事项。但也很有可能是小心翼翼以免挫伤他学习的锐气，没人想告诉他把字母写错了而已。这是可以理解的，我们要谨慎对待自己的回应，而且我也不建议一而再地痛斥孩子所犯下的错误。但正如玛丽·克莱(2005)指出的那样：“不要让孩子在读写活动中日复一日、周复一周地在一些词语上犯同样的错误，因为那些犯错的经历会在他们头脑中巩固下来成为很难消除的记忆。”(第 167 页)换言之，在错误需要得到根本纠正的时候，就会有让孩子自己去纠正错误的场合，轻信他们通过引导最终会意识到错误可能并没有我们想象的那么有效。

我们可以直接一点儿，而不是被动等待。我们可以站在学生的立场告诉他们怎样做更有效。正如我们之前所探讨的其他特点一样，矫正性反馈最好是激励性的、及时的、过程取向的，最重要的是要有用。尽管它让人觉得可能有点儿不近人情，但它并不一定如此。孩子们有权利知道自己使用的策略并不奏效，或自己的一个认识大错特错。而且，通过温和体贴的方式让学生明确自己的错误会像你可以提供给他们的其他类型的回应一样有效。

建设性反馈可以引发思考

我们搭建的教学脚手架应当为学生提供一个机会，让他们产生和探索新思想，改变自我并获得成长。为了使学生真正达到独立，同他们之间的交流不应还是传统的教师以专家身份与学生展开对话的模式——仅仅告诉学生答案，而应当是如读写专家雷吉·路德曼(2008)所强调的那样，通过“回应性教学”的实践，我们能为学习者提供最大的帮助，“开发学生的思维能力，帮助他们理解并解释自己的思维能力，推动他们达到更高层次的理解”(第 73 页)。

换言之，我们期望通过与孩子们的谈话活跃他们的思维，促使他们深入思考、谨慎存疑。我们希望学生是善于思考的，但在下面所列出的常见反馈中又有什么思想性可言呢?

- 对，这是对的。
- 好的。
- 你明白了。
- 再试试。
- (停顿几秒钟)有人能帮他回答这个问题吗?

回想一下我对第 6 章中描述的雷达测速指示牌的反应。我的车速表、警车、交通罚款，甚至在学校停车场被示意靠边停车接受处罚的公开羞辱，都不能真正让我监控自己的车速或纠正超速行为，因为这些因素常常被搁置一旁，很容易被我忽视。然而，当雷达显示器向我呈现当前的车速时，这一信息迅速被大脑认知，促使我更加有意识地关注自己的行为。它使我更具批判性地思考我正在做什么——正是在这种思考中，我一步步养成了新习惯。

然而，在教学中有多少交流只是在外围进行而偏离了交流目的，就如同上面项目列表中所列举的那样。当我们把反馈立场变得更具建设性的时候，我们就能启发、拓宽学生的思维。考虑用以下反馈形式取而代之：

- 你说对了吗?
- 你现在的思路是对的……继续努力。
- 你可以在哪里找到答案?
- 你怎样才能确定下来?
- 你说到……这听起来合适吗? 有道理吗? 看起来合适吗?
- 按照 1 到 10 的级别划分等级，你的推理/心理映像/问题/概括处于何种级别?

· 和你的组员谈论一下，看看你们的意见是否一致。

· 你还有其他可以尝试的办法吗？

· 谁那里还有另外一种能同样有效解决问题的方法？

有效的教学脚手架需要有目的地精心设计反馈过程，从而使它能吸引学生参与其中，启发学生思考，激励他们学习更多的东西。你们的互动要尽可能地让学生投入更多的心智活动以及引发他们更深入的思考。

能使我们的反馈产生同样效果的另外一种方式就是树立榜样以激发学生在稍后的学习中想要自己去做的意愿。黛比·米勒在其所著的《有意义的阅读》一书(2013)中提醒我们："你的说话内容和说话方式很快就会成为他人的说话内容和说话方式。"与一个博学的他者的对话交流过程会鼓励学习者内化新的思维方式、行为方式以及说话方式，最终形成自己的行动方式。基于此，我们的反馈可以为学生所接受并为最终成为他们可以独立运用的"头脑"语言打下基础(维果茨基，1978；伯克，温斯勒，1995)。

在奥斯卡连年经历了三次失败之后，我和他一起备战，希望可以帮助他抓住中学毕业前最后一次机会通过州阅读考试。虽然有时候奥斯卡很难做到流畅阅读，但他的阅读准确性和理解力足以胜任这项工作，且很容易就能认定他是一个喜爱阅读的人。但是正式评估对他来说很难，因此我们用了几节辅导课来致力于解决他按自己的速度顺畅阅读的问题，并帮助他把所知道的知识应用在考试情境中。

结果出来之后，我在走廊上找到奥斯卡，祝贺他的分数达到了通过线。我问他这次考试用了什么不同的方法。"我努力尝试，从没有放弃，"他说，"而且在整个考试过程中，我都记得我们谈到过的所有内容，你的声音一直在我头脑中回响，'你已经掌握……按你的速度读，确保你弄明白文章内容……这是什么类型的文章？阅读过程中要注意什么？'考试时就像你坐在我身旁一样。"我笑了。对奥斯卡来说，他听到的是我的声音，但是我认为不仅如此。奥斯卡试着用自己的方式描述他开始内化我给予他的那些反馈话语，那天考试时他需要这些东西的时候就能联想起它们。

类似这种天使站在肩膀上的事件说明了，教师给予学生的经常性的、持续的反馈是如何塑造他们独立的自我对话过程，并迅速成为他们自己思维过程的一部分的。共同思考能帮助我们独立思考，我们的反馈的一个主要结果就是，它会很快成为作为自我调节的学习者的学生进行内部对话的一部分，最终这种自我对话会演变成思想。建设性反馈将这一点考虑在内。

建设性反馈的即时性

在孩子最需要的时候，即时反馈是另一种提升反馈针对性的途径。当作家杰夫·安德森到访我们学校时，我观察过几次他与我们的学生举行的写作讨论会。在一次会议中，杰夫注意到了一名二年级学生，虽然她正试图将对话运用到个人叙事中，但是因为没有用引号而导致自己（以及她的读者）读起来很吃力。“我明白你想要把每个人的说话内容都讲述出来，”杰夫说道，“我打赌有一种方法，能让读到你作品的人更清楚地理解你的意思。”学生听完之后笑了，两人在几轮关于对话有效性的交流之后，杰夫说：“要搞清楚怎样才能让读者看得出说话人是谁，否则就会很麻烦，你知道吗？”说到这里，杰夫朝四周望了望，做出似乎要确保没有旁人听到的样子，然后说：“我想你已经为接受一个作家的写作秘籍做好了准备，你想听吗？”学生热情地点点头。在学生全神贯注地倾听的同时，杰夫向她透露了如何运用引号来改进写作水平的秘密。

在这个例子中，杰夫认识到了这位小作者当时最需要的是什么，并基于此给她提供了最需要的恰当的反馈。正因为杰夫把握住了反馈时机，她才准备接受该写作建议。

提供建设性的反馈意味着密切注意良好的时机，当看到学习者做好准备接收相关反馈信息时，老师立刻做出回应将会是最有效的。 考虑到反馈的情境性与做出回应的即时性特征，这里还有其他一些把握时机需要考虑的事项，有益于提高你所做回应的有效性：

- **为学生提供即时反馈。**尽可能多地向学生提供关于他们学习进展的实时信息，以便他们能采取快速果断的行动迈向成功。学生的学习尝试与你的回应之间的时间间隔越长，反馈的有效性越低（约翰斯顿，2012；马扎诺，皮克林，波洛克诺，2001）。
- **让学生有时间消化你的反馈。**如果我们的反馈没有机会被学生接纳吸收，那么就毫无意义。大多数教师愿意等待的时间大约为三秒或不到三秒，但是孩子学习新材料往往需要更多时间。教师等待五秒或以上能对以下方面产生积极影响：(1)学生回应时间的长短与回应的质量；(2)学困生的参与程度；(3)学生为推理提供的论据的数量；(4)整体上学生做出高阶回应的数量（索萨，2011）。
- **让学生有时间对你的反馈做出反应。**我们不仅要给学生提供建设性意见并留出时间让他们充分消化吸收，还要注意给他们留下一个通过某种方式做出反应的机会。或许当我们急于赶课程进度或完成教学计划的时候做到这一点很难，但是当我们持续对学生的学习展开调查并提供持续性支持时，学生需要有机会对我们的反馈做出回应。
- **在搭建教学脚手架的进程中给予学生持续的反馈。**反馈应当发生在连续的回路中，贯穿于整个逐步让渡进程之中。这一点看似不言自明，但是需要一直留意。有时，随着学习者越来越独立，我们错误地将他们的成功视为他们不再需要从我们这里听取过多意见的标志，从而减少了反馈的数量。如果你注意到自己有这种现象，请提高警惕。当然，你提供反馈的性质将随着逐步让渡进程的推进而改变（参见第 8 章），但即便学生已经接近独立，当他们穿过终点线的时候,仍然会为从我们的反馈中受益匪浅而感到高兴。

反馈回路在信息提供的即时性上展现出它们的有效性。了解学习者在学习进程中的位置，并管理你做出回应的节奏将有助于确保反馈的针对性和有效性。与雷达测速指示牌反映实时信息，因此我们就可以监控自己的驾驶习惯的方式相同，我们应在搭建教学脚手架的整个过程中给学员提供即时反馈，帮助他们反思自己的每一次学习尝试，在需要时维持或校正他们的行为。

建设性反馈的例子

对于有些教师而言，自然而然地就能做出有效反馈，而有些教师则为在恰当的时机做出最有效的反馈绞尽脑汁。这是需要练习的，有效地回应学习者也是一项随着时间不断发展的技能。当你了解到更多关于反馈的知识后，你就会发现让别人领会你的观点有许多不同的方法，每种方法对于不同的学生能产生不同程度的影响。熟知大量的反馈选项，能从中做出即时选择，并尽可能地了解学生学习上的需求，将有助于你在不偏离教学重点的同时区别对待你的课堂教学与你做出的回应。不久之后，你将会发现自己密切留意、多方积累了大量对学生学习有着不同支持程度的语言表达形式，以便于在恰当的时候毫不犹豫地脱口而出。

为了给你提供这方面的支持，我们将用几个口语表达的例子来帮助你迈出第一步。有些听起来耳熟，有些比较新颖，还有一些可能会有助于你看到更多的选项，而这些选项超越了你所依赖的主流的传统反馈体系。记住，你在教学上的回应要因学生的不同而相异，因此这些清单当然不是详尽无遗的。而且，同样的教学回应在多种情境中由于多种原因都是合适的，要经常与你可能给予学生的其他反馈互相融合、互为补充。明白了这一点，就会清楚下面的框架仅仅代表了我们看待教学语言的众多方式中的一种。

随着你继续往下读，回想一下，这本书强调的是从一个博学的他者的视角出发来探讨教学脚手架的搭建活动。虽然在例子中这种倾向性显而易见，但你需要意识到，对于教学实践而言，我们的回应实际上应达成双重目的。如果我们的真正意图在于我们的说话内容与说话方式能成为孩子们的说话内容和说话方式的话，那我们在传递反馈信息的时候就必须牢记这一点。虽然我们这里的重点在于如何建设性地提出问题、给出提示、指认以及肯定有效的学习行为，但我们的终极目的在于让学生也开始担负起这些责任。例如，在某些时间节点，我们不要成为第一个识别出需要及时纠正的问题的人；与此相提并论的是，我们也不要成为唯一一个在事情进展顺利时欢呼庆幸的人。当我们精挑细选搭建教学脚手架时的语言，并从他们学习如何启动能为自己的进步提供指导的内部对话的过程中——也可从我们的例子中——积累经验时，孩子们最终能够独立完成这些事情。

最后，要认识到这些例子并不是用来死记硬背的，也不是为了让你在教学过程中通过浏览这些例子的方式去找到合适的回应。相反，我鼓励你把这些想法作为跳板，帮助你组织自己的思维，拓展认识与理解，并在教学实践中设计与安排好建设性的反馈。

提问型反馈

虽然反馈通常是以一种组织良好的指导性陈述的形式传递的，但重要的是要注意到，通过提出焦点问题进行回应的方式也是有效的。要弄明白的是，我们所说的提问并非指通过盘问来评价学生或测试他们的知识掌握情况。相反，建设性问题是生成的，以某种方式引导学习者：

- 以不同的方式思考某一个问题（它还可以是什么）；

- 澄清想法或误会(那对你有效吗);
- 唤起以前的控制策略(你之前还做过什么可能有帮助的事);
- 精心构思回应(你在想什么);
- 提高对自己学习效果的认识(你注意到什么)。

提问也有助于我们衡量儿童的学习起点，我们可以此对反馈做出调整，以便与他们的已知知识建立联系，或者激发他们进行更为深入的思考。

是时候回顾一下开放式问题的力量之所在了。简要地了解开放式问题和封闭式问题之间的区别，以及怎样使用它们，就能让学生对老师的反馈做出回应的方式发生巨大改变。对于封闭式问题，用一两个词（通常为“是”或“否”）足以作答，而开放式问题则会建设性地诱导学生拓展回答问题的空间，让学生在深思熟虑后做出回应。过多使用封闭式问题，会使得我们搭建的教学脚手架失去功效，传递给学生的一个信号就是老师拥有所有问题的正确答案。相比之下，开放式问题让学习者成为学习过程的积极参与者。而且，由于开放式问题在答案的对与错之间留下了充足的空间，学生在尝试冒险作答、分享观点的时候会觉得更有安全感。

在列表上我一开始就引入提问型反馈，是因为提问与后续的其他所有类型的建设性反馈都有关联。例如，你可以通过提问来提示学习者尝试做某事（“你可以试用些什么?”），提醒他们想起某种被遗忘的学习策略（“当你遇到疑难词汇时怎么办?”），甚至肯定他们获得成功的学习尝试（“你是怎么做到的?”）。当你阅读本章的其余部分时，请注意在每个示例清单中，不同的提问型反馈和与之相对应的陈述型反馈在效果上的差异。当你做出对比的时候，琢磨一下在搭建教学脚手架的情境中，一个把握时机切入恰当的提问如果不是更有效果的话，也会是同样地富有成效。

提问型反馈的语言示例：

- 当你解决这个问题的时候对自己说了什么？
- 有无……的可能呢？
- 你想做的究竟是什么？
- 这个故事让你想起了什么？
- 有另外的看法吗？
- 你所掌握的哪些知识可以提供帮助？
- 你是怎么想出来的？
- 文中哪些内容是你这样说的依据？
- 这和你了解到的经过一致吗？
- 当你……的时候，你在想什么？
- 你在哪里卡壳了？我该怎样帮助你？
- 事情进展如何？
- 你做了什么来帮助自己？
- 你可以从哪里寻求帮助？
- 你对此似乎不敢确定，是什么阻碍了你？
- 关于……你还记得什么？
- 据你所知，可以确定的是什么？不能确定的又是什么？
- 这是如何帮助你的？
- 有可能……但如果……
- 关于这个话题，你已经知道的有什么？
- 哪些对你有用？哪些对你没用？

展示型反馈

随着孩子们达到新的独立水平，有些时候你能给出的最具建设性的回应莫过于告诉他们，或者向他们具体展示一下，他们需要怎么做才能取得成功。在大多数情况下，这发生在我们教给孩子新东西、着手搭建教学脚手架的时候。但在逐步让渡进程中或前或后的某一阶段，当你发现有需要纠正的误解或需要澄清的困惑时也是必要的——需要回到 5S 递进发展模式中的演示这一阶段，再次接触那些内容后，事情才能重回正轨。

当我们为孩子树立榜样、展示行动策略时，我们通常还会使用视觉型或动觉型脚手架来为这些对话提供支持。在这种情况下，我们的口头反馈不仅要具体而且要围绕着目标，给学生一步步地详细描述，帮助他们了解需要做什么才能迈向独立。

例如，如果我面对的是一个在阅读中很难将发音与书上的单词匹配起来的幼儿园孩子，我可能首先向她清晰演示怎样用手指点读书上的单词，让她将食指放在我的食指上，告诉她：'在读书时，我触摸每一个单词，以确保我读的词语能同书上的单词一致。'

由于博学的他者在运用这种类型的反馈的过程中担负着大部分责任，所以我们的回应将比本章中你所遇到的其他一些例子更为直接。然而，请注意，随着学生达到更高的能力水平，我们的反馈应该在本质上发生转变（下一章我们将进一步探讨）。因此，当那个幼儿园孩子从"初步近似"发展到"掌握"阶段的时候，我的反馈也许将会变成"记得让读音和单词匹配起来"，接着变到"读音和单词匹配好了吗"，最后变为"太棒了！你做到了用手指把读音和单词匹配起来"。

记住这一点，对于不必要的明确展示要持谨慎态度，认识到其副作用可能并非如我们所想那般有益。彼得·约翰斯顿在其畅销书《斟词酌句》（2004）中强调，教学造诣高超的教师往往在过于明确展示方面花费较少的时间，并提醒我们："'告诉他人事情'具有隐性成本。"当学生能自己弄清楚一些事情时，教师为他们提供清晰的信息就会抢占他们树立主体意识、培养独立性的机会，反过来还会影响学生与教师间的关系（第8页）。另外，这还与反思性以及意向性教学有关联。充分了解你的学生，关注他们的学习需求将有助于你在有关给予他们多少支持的问题上做出有效的抉择。正如约翰斯顿所说："作为教师，我们必须决定，对哪些学生而言，哪些内容需要明确说明，以及什么时候需要明确说明。"（第8页）。

展示型反馈的语言示例：

- 当你想达到(某个目标)时，你可以尝试(某种行动策略)。
- 看我做。
- 跟我一起做，你就能明白我的意思。
- 看着我怎样慢慢地说出来，这样我就可以听到f……u……n的发音。
- 让我给你演示一下怎样……
- 这样说……
- 看我怎样在空白处记下笔记以帮助我记住重要的东西。
- 我们可以说……(提供推理模板)。
- 你喜欢我的想法吗？
- 这样做(演示)。
- 我要双写辅音字母，因为……
- 像这样写。
- 让我们一起再试一次，但这次……
- 许多写作者尝试这样的(行动策略)(演示)。
- 让我给你演示如何将你的写作构思落实到不同的段落中去。
- 当看到三个连续的辅音时，我想弄明白它们是否组合起来只发一个音。让我们看看"Str"……string……
- 在列出写作提纲之前，我将考虑一下故事的顺序。
- 这就是你表现有人大吼大叫的方式。

- 当我读这首诗时，我想起了……
- 这还不完全是……我来帮你吧！
- 看看我怎样把这个单词拆解成我已经认识的词，这对我很有帮助。
- 听我怎样把这些词语组合在一起，让它们听起来像是在交谈一样。
- 当你陷入困境时，你可以想想怎样才行得通，我想……
- 看看我是怎样运用（策略）的，这有助于我……
- 注意我写的时候如何留下间距把单词互相分隔开来。
- 当我读这一段时，我的脑海里形成一幅画。我在想象……
- 你可以通过（行动策略）来帮助自己……就像这样……（演示）。

提示型反馈

当我们用反馈来提示学生时，我们鼓励他们去做之前学习过的事情。尤其显而易见的是，以展示型反馈为基础并强化展示型反馈，这一类型的回应可根据学习者的学习需要而采取较为具体或不太具体的形式，从直接发出行动指令到较为一般的提示、暗示与提醒。具体的提示如“看图并想出一个用于此处的、在意思上说得通的词”，不那么具体的提示如“它在意思上说得通吗”，比较一下二者的区别。请注意第一种提示是如何提供更高支持度的，而第二种提示则回撤了支持力度，从而使得读者展开学习行动时拥有更大的独立思考空间。

需要记住的是，在提示变得有用或有意义之前，它发出的信号必须是学习者实际上已经学会了的，它也必须在学习者当前解决问题的能力范围之内。例如，如果你并未花时间向一个三年级写作者讲清楚“富有感染力的句子”所表达的意思，或者说就那件事而论怎么写出一个富有感染力的句子，那么你向这个三年级学生发出“改写出富有较强感染力的句子以带动读者的情绪”的提示就很可能达不到预期的效果。

无论是鼓励新行为，还是提醒被学习者之前遗忘掉的学习策略，有效的提示包括陈述式或问题式两种形式，它可以推动小读者和小作者朝着他们几乎可以控制的方向迈出从容不迫的步伐。

提示型反馈的语言示例：

·你可以做些什么来帮助自己？

·你可以尝试些什么？

·想一想，在此处如何插入动作描写而不是用告知他们的方式，来帮助你的读者了解正在发生的事情？

·记住当我们谈到……

·这(讲得通吗/看起来正确吗/听起来正确吗)？

·还有其他能起作用的方法吗？

·当你读给我听的时候，在这里停了下来(指出暂停的地方)……你怎样才能让你的读者知道你想让他们在此处歇口气？

·想一想你了解到的那些东西。

·有没有一张图片可以帮助你学习那个字母的发音？

·可能是(近似的词)……但是请看看(再指导)。

·多跟我说说……

·你可以从哪里寻求帮助？

·你试试看。

·再读一遍，然后(行动号召)。

·对于这个疑难词汇你下了大功夫……试着将它放进句子里，看看是否用得上。

·在阅读(一首诗/一篇传记/散文/小说)时，要记住的重要东西是什么？

·想想你的中心思想，你的结束语怎样才能紧扣主旨？

- 怎样使用换行符使你的诗句的感染力更强？
- 你写道："她向操场跑去。"我们会用这样的表达方式吗？
- 看看我们的（锚形图/提示卡/桌面展示牌）是否可以提供帮助。
- 你阅读时说过……但那没什么道理。再试一次，想想这个故事。
- 大声读出那一段，听听你的写作中有没有瑕疵。
- 你对了吗？你怎么知道的？你还可以检查什么？

指认型反馈

另外一种反馈方式可以立足于学生身上的那些优点，通过帮助他们指认已经做得很好的事情的方式进行。我们通过提问或做出描述的形式，鼓励学生思考并阐明他们成功的思考过程。指出他们学习行为的有效性，可以给处于任何阶段的学习者以支持，但当他们的学习行为只是试错性质的，或他们的学习尝试仅有部分正确时尤其有用。通常来说，当孩子开始学习新事物缺乏信心时，我们通过建设性反馈肯定他们所做工作的有效性，可以帮他们树立信心。看看这段我与梅森的对话，他没有立即求助于我，一直想独立弄明白最难的部分。

梅森：Mom...likes him the...b-d-e-t ...likes him the d-b-e-t...（停顿了几秒）...b-e-st！...Mom likes him the best！

我：哇！看看你！你对此很尽心，而且不放弃。跟我讲讲你是怎么做到的。

梅森：嗯，开始时很难，我没弄懂，但当我回头又想了一遍的时候，就知道了！

我：那么，一开始你并不知道，后来你又尝试了一次。在第二次尝试时，你想办法自己做到了，是吗？

梅森：是的！

我：你是怎么做到的？

梅森：我修正了字母“b”，然后意思就通了！

注意在这次交流活动中，我的反馈是如何指认梅森做得好的地方的（“你对此很尽心，而且不放弃”以及“一开始你并不知道，后来你又尝试了一次”），同时鼓励他更具体地描述他做了什么有用的工作（“跟我讲讲你是怎么做到的”和“你是怎么做到的”）。帮助梅森指认他解决问题的学习行为，并肯定它产生的积极效果，有助于提高梅森把这些解决问题的行为坚持下去的可能性，同时还能增强他的学习信心。

当我们的反馈唤起了小读者和小作者对学习行为中的亮点的关注的时候，他们就会更容易记住这些成功的学习行为，并且在需要时还会再采取同样的学习行动。无论是强调他们的长处，还是鼓励他们自己这样去做，都可以帮助学习者清晰地描述自己采取的那些策略性学习举措，帮助他们看到其有效性，从而完成更深层次的内化。

指认型反馈的语言示例：

- 你是怎样帮助自己的？
- 你尝试了什么？最后起作用了吗？什么没有起作用？
- 你弄明白了！如果我像你刚才那样卡住了，你会说些什么来帮助我？
- 当你被卡住时，你（行动策略），（行动效果）。
- 当你（成功地行动）的时候，你跟自己说什么？
- 我看见你如何如何（行动策略），这让事情有了大的改观！
- 当你（行动策略）时，它是如何帮助你的？
- 告诉我你今天作为作者做得很好的一件事。
- 我注意到你如何如何（行动策略）。
- 找出这一页中你写得最棒的描述性句子，并读给大家。
- 告诉我你如何……

· 你正在思考你以往的经历,这可以帮助你理解主人公的情感。

· 给你的小组成员展示一下你刚刚做了什么,以及它是怎样帮助你的。

· 你注意到什么?

· 继续……你现在做得对!

· 你正在运用图表,所以你能明白作者在说什么。

· 为什么你决定(尝试某种方法)?

· 我注意到,当你试图(尝试某种方法)时,你(取得的效果)。

· 这对你有用吗?

· 我能明白你(行动策略),因为(效果)!

· 你想要(第一次尝试),但是你(第二次尝试),然后它起作用了!

· 我注意到你在(某个问题)上遇到了麻烦,之后你解决了它,然后学习得以继续进行下去。当时你是怎么想的?

· 你明白刚刚发生了什么吗? 你做了(该做的努力),(取得的效果)!

· 你做了什么有用的工作?

肯定型反馈

在学生从谈论新的学习行为到在新的学习行为中展露独立性的过程中, 我们的反馈可以肯定他们所取得的成就。 正如你将要注意到的那样, 肯定从本质上来说是另一种指认学生成功学习行为的方式 (如前所述), 事实上, 有时可能难以将两者区分开来, 但它们之间存在一些细微的差别。

当我们借助反馈意见指认学生的学习努力时, 通常我们这样做是为了解释清楚并详细描述新的学习行为, 以使学生树立学习的信心, 并推动他们进一步跨越最近发展区。 另一方面, 在更大程度上肯定行为是对学习终点做出的反应。 在学习终点, 我们清晰地描述成功的学习行为, 以确认和弘扬学生的学习独立性。 指认型反馈有助于学生弄清楚哪些学习行为是有效的，他们会把这些有效的学习行为持续进行下去，而肯定型反馈则有助于学生反思自己学习上的独立性。两者都是让学生意识到自己成功的学习努力，这些努力会变成常规的学习行为。一个人给你鼓劲道：“你就要成功了，继续前进！”另一人回头看了看，说：“恭喜你，你成功了！”

当你肯定你的学生正在做的事时，记住要让你的赞美尽量具体一些。如前所述，当我们把自己的反应归结为注重努力与策略的过程取向式评论的时候，我们的反馈将更具建设性。只要你帮助孩子们反思自己的学习行为，你们一起弘扬过的学习行为就会一次次重现，因此，请利用好肯定型反馈，以强化学生为学习而付出的努力并为他们的成功喝彩。

肯定型反馈的语言示例：

- 这正是我们一直在探讨的东西，而且你做得堪称完美！
- 你为自己感到自豪吗？我明白你感到自豪的原因！
- 你花费了不少心思去琢磨如何让你的副标题帮助你的读者不跑神。
- 回头看看你的读者的笔记，把一颗星放在最好的三个条目上方。
- 我们今天的研讨会很成功！当我走到大家身边的时候，今天和我交换意见的每个人都做好了告诉我他们需要什么帮助的准备。
- 从头再来一遍你就能检查了。好想法！
- 这是一种不同的看法！再说一遍，让每个人都听得到。
- 读到有句号的地方，你就停下来了。
- 你对了！那个大词是“interesting”……In……ter……est……ing……你说对了！
- 你在作文中插入的描述让我清晰地想象出生日聚会的情境。
- 就是这样！坐端正并照管好你的书！
- 你已经学会了在单词之间留下间距……这让我们读起来轻松多了！
- 没错，这讲得过去，听上去不错！

• 听起来像(某种角色)都会这么说!

• 这些关联词如(大声读出几个)有助于将你的故事从一个场景转换到另一个场景。

• 你全凭自己的能力就搞清楚了！为自己笑一次!

• 一次有效的检查！再读一遍，这样你就可以修正了。

• 那(讲得通/看起来不错/听起来不错)。

• 你的摘要包括了传记的所有重要元素。就该这么做!

• 这是一个很棒的例子，它就应该是这样的。

• 当你读到这个部分时，听起来就像说话一样自然!

• 你把手指放在这个词上，指出单词后又缩回手指。这些动作你做得都那么快!

• 你弄明白出了什么问题，并修正了它。

• 让我们回顾一下你全年的写作作品，看看你的进步有多大。

• 你是(某项策略)的专家。

了解反馈在搭建教学脚手架过程中所扮演的重要角色，是将我们的教学提高到更有效水平，并让学习者获得更高层次能力的一个必不可少的要素。第一步是对我们的语言做出精细调整，那么，这种以学生的优点为出发点的语言会加强我们的教学效果。单独来看，本章中所探讨的各种类型的建设性反馈，包括提问型反馈、展示型反馈、提示型反馈、指认型反馈和肯定型反馈，对于教学都有各自潜在的影响。但最终，当这些语言的功能形成合力，以一种有用的、即时的方式凸显了学生在学习上付出的努力和在学习过程中所运用的学习策略的时候，它们发挥的效力才是最大的。

在建构区对学生的学习需求做出良好回应，需要循环往复地、瞬间做出教学决策，还需要我们对学生、教学目标以及最佳教学实践的理解。这样的编排不会在无意中发生，你大概不会在一开始就以比赛的速度投入工作。你必须改掉旧习惯、养成新习惯，进行建设性反馈需要实践。但更重要的是它需要我们的深入思考、我们的良好判断能力，以及我们对于搭建教学脚手架的全部尝试性活动所发挥作用的方式的熟悉与认知。

在此，我们再次联想到教学脚手架具有的意向性与反思性特征。一旦我们以要往哪里去为判断依据知道了学生所处的位置，就可以以有效教学为着眼点设计出较为具体（或不太具体）的语言。在下一章中，我们将再次探讨语言的具体化程度在逐步让渡进程中是如何发生变化的，它又是如何与我们的教学意图相关联的，以及所有这些在帮助学生最终独立承担学习活动中的学习责任时所扮演的角色。

建设性反思

1.记录（或让同伴记录）下一节课中你对于反馈的表述，然后通过把你的回应区分为个人取向式回应和过程取向式回应的方式进行回顾。你注意到了什么？ 这将如何影响你未来教学实践活动中的反馈环节？

2.回想一下曾经鼓励你成功应对某种挑战的一个人。他通过哪些语言的与非语言的方式给你带来了信心？ 这对你的学习表现有什么影响？

3.想一想你经常使用的诸如“把它串联起来”或“把嘴巴准备好”一类的典型回应方式，你怎能确保学生明白你的意思？ 如何使用你的反馈来帮助自己？ 一些你习以为常的反馈方式是否需要重新斟酌？

4.想一想你日常教学中的等待时长。你给学生留有足够的时间消化吸收你的反馈了吗？ 你要寻找什么样的迹象来确保这一目标的落实？ 你围绕着等待时间的做法怎样才能有助于增强你回应的建设性？

5.在搭建教学脚手架的过程中，你经常提出生成性问题吗？ 询问问题的方式怎样才能产生与提供作为直接回应的反馈不同的影响效果？ 你能想出一个人比另一个人受益更多或受益较少的情境吗？

6.“展示型反馈”部分警告我们反馈不要经常性地过于明确。 过于明确的反馈带来的潜在危害是什么？ 你有没有目睹过？ 你如何确定有些时候展示型反馈太过明确了？

第四部分　学习责任

我们在搭建教学脚手架的每个行动方案中的动机就是，让此过程中每一阶段的学习者都担负起最佳水平的学习责任，以便于我们的学生能最终独立自主地学习新知识。

第 8 章　责任教育：将学习者纳入可管控范围

在我刚刚入职教师岗位的时候，我们年级接到了一个令人苦恼的新指令。我们被告知（以十分明确的言辞），我们不能再管理自己班级孩子的期末动态跟踪记录和阅读理解能力测试了，这打破了一直以来的年终测评的例行程序。取而代之的是，我们将和同事交换测评彼此班里的孩子。说起这事就把人惹毛了！在叽叽呱呱嘶哑的抗议声中，倾巢而出的我们排着长队涌入办公室，援引无数个理由来证明这样的安排没有一毛钱的用处，抗议的同时还一而再、再而三地抱怨这样的安排对我们的学生也是多么的有失公平。

但是，在轰动如雷的抗议声之下隐藏的是我们中间没有任何一个人真正想承认的一些东西。事情的真相是我们都在暗自担心，当我们的学生被喊到另一位老师身边朗读时，他们不会去做我们教他们做的事情——或者说至少他们在面对另一位老师时表现得不会像在我们面前那样好。我们不喜欢这种对自己不利的可能性。

随着时间的推移，我们慢慢地明白了自己产生抵触心理的真正根源并且能够应对它、解决它，但这种经历也许会激起你的共鸣。如果你曾对教研员考察你的学生这种事情感到没有一点儿把握，如果你曾经不顾一切地想知道你培养的小作者是否通过了年终测评，或者你曾经坐在那里给一张张试卷打分的同时还暗自思量着："我知道这是我教过的，但是你们看到我教过的这些东西时怎么总是分辨不出来呢？"那么，你就会知道我们的感受了。

当我的教学团队承认了自己的恐惧心理时，我们就更进一步地审视了我们的教学，并且认识到我们在无意中培养了学生依靠老师获取成功的习惯。只要有我们在那里为他们提供指导，他们就会很好。一旦我们没有手把手地告知他们下一步该做什么时，他们便会因为不自信而畏缩不前或者错误连连，我们尽力地去弄明白其中的原因。当时，对原因的寻求并不理想，但是经过一段时间之后，我们认识到需要有意识地帮助学生在我们的支持下最终能够独立地行事。我们日益留心的事情就是把他们推向更高的独立水平，并且一直心存警惕不让他们过度依赖老师。

如果你发现你正处于这种情形之中——当你抽身离去时，你的学生看起来无法达到同等的成功水平——那么，问题就可能是你没有把学习责任完全移交给学生。我所在团队的动态跟踪记录让我清楚地认识到这个关键的障碍物。即便我是全世界最好的老师，但如果我依旧置身于舞台之上，那么，我的学生们又怎能独立表演呢？这种情况经常发生，远远超出我们愿意承认的范围。无意中我们有过多少次半途而废的教学脚手架搭建活动？从隐喻意义上来讲，又发生过多少次这样的事？我们牵着学生的手走得太远，不间断地为他们提供支持，而这种支持绝对不会激励他们走向自给自足！

即便本书已经更加具体地关注到了我们在搭建教学脚手架过程中作为博学的他者的角色，但是不要忘记：在这里我们不是孤立的参与者。我们在最近发展区的共同建构行为是一种责任分摊式努力，孩子们必须明白在这一过程中他们身负重要任务。如果我们拒绝让他们这样做，他们也就不可能承担起相应的责任。关于这一点，我们必须注意。作为教师，我们中的许多人都有这样一种无意识的习惯，那就是紧紧抓住教学的缰绳，尽量不易手他人。

但是从老师那里接手这根教学的缰绳正是学生需要做的事情。这是搭建教学脚手架活动的精髓之所在。如果我们想要学生最终能完全掌控一切，那么我们必须精心编排多样化的学习情境，不断推动他们在学习实践中学会承担最佳学习责任。

搭建教学脚手架活动尽管是教师提供引导，却是学生驱动的。在教学进程的每一个实例中，我们的言行应该激发学生从事尽可能多的脑力劳动。这一指导原则推动了搭建教学脚手架的第四个重要条件的产生：

每时每刻，有效的教学脚手架要让学生随着自己独立程度的提升而承担起最佳学习责任。

如果你回顾我们前面呈现的几个一般性条件，你会注意到这些内容一直是我们所进行的讨论中一个不可或缺的重要组成部分。这是因为为了最佳责任而教学与以下几点具有同等重要的意义：（1）让我们瞄准教学重点；（2）提醒我们需要具有灵活性；（3）在给予学生建设性反馈时，教给学生我们说什么以及如何说的基础知识。成功的教学脚手架能让学生从中汲取力量，从而让他们成为学习活动中负责任的积极参与者。没有了这根重要的主线，我们或许对于自己的目的地有着很好的设想，甚至对于自己说些什么和做些什么来推动事情往那个方向发展的问题也有自己的思考——但是，除非我们一直都清楚地意识到谁在此过程中负主要责任（以及他们要负什么责任），否则我们搭建的教学脚手架从来就不会完全成形。

真正的教学脚手架搭建活动不仅需要我们深入地了解学生，还需要我们对能够推动学生走向独立的有效教学实践有一个深入的认识。它需要我们跟随着不同力度的支持所敲出的鼓点跳出一种衔接完美、富于技巧性的舞步——对于不同的学习者来说，跳出的舞步不尽相同，舞步的先后次序也可以根据学生的不同学习需求和教学的关注重点做出调整。作为博学的他者，我们是领舞者，可以确定的是，我们的孩子最终将会跟着阅读和写作那迷人的旋律翩翩起舞——这一切都是在离开了我们的指导的情况下他们独立完成的。

但是我们应谨慎地移动自己的舞步。我们知道，领舞过多的话会使得学习者不能按照自己的节拍起舞，或者会产生更糟糕的结果，他们根本就没有什么跳舞的欲望。

分担与移交责任

一个可能会带来危害的认知上的疏忽是，把搭建教学脚手架活动的全程责任曲解为学习者在学习过程中不可以分担某些层面上的责任。的确，我们最终想让我们的读者和作者能独立解决问题，并且不需要我们的任何提示或引导。别忘了这是我们的目标，但这并不意味着他们要一直等到临近最近发展区的末端时才能掌握学习活动的自主权。

我们如何知道何时提供支持才恰到好处？我们如何知道何时提供帮助？何时撤回帮助并让学生成为学习大舞台上的领舞者且最终能够独立学习？多少支持算是太多？同样的道理，多少支持又算是太少？

我们回答这些角色定位的问题，有助于充实一系列的岗位职责描述（各种各样的），这些描述能让我们注意到到底我们需要做哪些事情，以及我们应该让学生承担起什么责任的问题。为了进一步提炼这些角色，请认真参看表 8.1，并思考表中显示的搭建教学脚手架过程中的那些责任移交方式，以及那些波动起伏是如何直接关系到学生和教师身上所担负的责任的。请注意，当我们在引入一个概念时（演示）所承担的责任水平与我们在教学过程中的让渡责任阶段（分担和援助）所承担的责任水平，看上去明显不同，甚至与我们在激发学生独立性的过程中（维持）所承担的责任水平更为不同。并且，在这一进程中，当我们在观察事情取得的进展情况时（调查），我们也会让学生分担不同程度的责任。当你从一个教学阶段过渡到下一个教学阶段时，意识到这一点将会帮助你思考你要与学生分担的角色，这样你就可以确保他们在最佳责任水平下学习。

表 8.1　逐步让渡责任进程中的责任分担

	我的角色是什么？ （教师责任）	学生的角色是什么？ （学生责任）
演示	掌控学习进程的总体与大局，博学的他者为参与式教学做出规划，明确界定、展示、解释某种策略、技巧或者思维方式，并让学生弄明白它如何才能对他们发挥作用	负较少责任，但仍然积极、活跃，学生在观察、倾听、注意并且联系到教师所做示范的同时，对其意义进行思考并提问以澄清任何误解
分担	在此阶段，教师创造出学生参与学习的机会并开始谨慎地移交责任——尽可能地以那种能给予学生更有力、更具体的提示、推动或线索的反馈的方式来为他们提供协助，同时以学生做出的回应为依据来确定是否对教学脚手架做出调整	随着学生开始承担新学习活动中的部分责任，他们在关注、思考并回应教学反馈的同时，参与探索并“试用”那些初步知识，寻求必要的协助

续表

	我的角色是什么?(教师责任)	学生的角色是什么?(学生责任)
援助	继续移交责任,并且加大移交的力度,博学的他者在开始回撤支持力度的同时,为学生留出大量用于实践的时间,必要时加强监控以减少学生在学习过程中的困惑,用轻微的提示和不那么明确的反馈来支持学生	本阶段,随着学生责任感的提升、能力层次的提升,他们实践应用、组织协调自己学到的一切知识与能力,在更大程度上内化所学知识时极少寻求援助
维持	在学生独立学习或学习进展顺利的情况下,教师专注于营造一种环境,教师既要为学生创造机会也要提供支持,让他们在不同情境中继续独立运用新掌握的技能	现在,学生更多地掌控了学习进程,随着他们继续独立地练习以及自信地运用新知识、新策略和新技能,他们会因为不断地取得成功而积聚学习上的动力——不再需要从他们那位博学的他者那里获取太多帮助,即便有也很有限
调查	贯穿于整个学习的过程,教师持续地监控、观察、评估学生的学习进程以及他们对教学支持和教师反馈做出的回应,在对数据进行反思的基础上根据需要调整教学脚手架	从开始到中间再到结束,学生在成功跨越新的知识领域并朝着越来越独立自主的水平前进的时候,他们要(尽可能地)自我反思并留意自己取得的进步,注意那些成功的——还有那些不是很成功的——学习尝试

除了坚持推动学生尽可能多地从事他们已经准备好且有能力进行的脑力劳动以外，以最佳责任水平为目标的教学就是有意识地把这条线往前推进。如果我们真的期望读者和作者能接手负责的话，那么我们就必须开始以一种有意传递教学接力棒的方式来转变我们的教学活动方式。随着对我们与学生所扮演的责任分摊式角色的关注，我们要寻找学生准备承担越来越高程度学习责任的迹象与证据，为他们创造承担责任的机会，并且在此

过程中为他们提供用心的支持。

成为一个有效的孩子观察者（调查），将会帮助你在就什么时候可以提高学习门槛的高度、什么时候可以推动孩子接手更多责任的问题上做出决定起到关键作用。通过正式和非正式的评估，仔细观察学生的行事方式，并且思考他们与教学重点相关的能力水平。当你这样做时，想想他们的那些学习尝试是否展示了自己显而易见的优势，是否凸显了严重的困惑，或者是否揭示了轻微调整的需要。我偏爱帕特·约翰森（2006）对此观点的表达方式。在《一次一个孩子》这本书中，她给我们提供了一个评判这种应答式教学的简单方式，即追问自己那个存有争议的教学目标是否是学生可以达到的、几乎可以达到的，或者根本不能达到的。

确认学生学习需求的不同层次或水平，展示了我们想要介入学生学习活动并给予支持的地方——同等重要的是，也展示了我们需要退出的地方。如果我们看到学生做不到的话，那么当我们向学生提供更高水平的支持时，我们将承担其中的大部分责任。另一方面，如果我们证实他们差不多可以做到的话，我们就知道自己正处于逐步让渡责任进程的中间阶段，在该阶段最初时我们将承担较多责任，但是随着学生越来越接近独立学习的目标，我们就要有意地回撤支持的力度。最后，当我们得出结论——学生能够做到的时候，随着我们不断地增援，他们已经做好承担所有学习责任的准备，我们就会慢慢完全移除我们所提供的支持与帮助（参见表 8.2）。

表 8.2　跨越逐步让渡责任进程中的需求定位

不能独立完成	几乎可以独立完成		可以独立完成
教师责任			学生责任
演示	分担	援助	维持

当你查看表 8.1 和表 8.2 中逐步让渡责任进程中的这些指标时，关键是要认识到，你给予支持的多少和你与学生分摊的责任水平成反比。 当学生承担更多的责任时，你的支持水平就要降低，但是当他们的能力还不够时，他们则明显需要从你那里获得更多帮助。

从本质上讲，什么样的责任水平被视为是最适宜的，这会随着学生在跨越最近发展区的过程中所取得的进展情况而发生改变。

尽责训练

当你确认了搭建教学脚手架活动在教学上不断变化的角色时，在臆断学生将会自动明白他们的责任之前，请务必再三思量这个问题。 把缰绳递给学生时的一个重要任务就是，要清晰地告诉你的学生他们所要承担的责任。 这样他们就可以清楚地了解自己在这个过程中所要发挥的作用。 当你让学生去做一些全新的事情时，这或许看起来更加明显，但重要的是要记住（并且很容易忘掉），你何时做出切换以让他们承担更高水平的责任。

例如，以一个对有声思维的示范活动为思考对象。 如果你在有声思维活动过程中的责任是选择文本，确定具有教育性的示例，示范你的思维活动过程，监控学生的参与情况以及阅读时突出措辞与节奏以帮助学生理解；学生的责任则可能是专注地倾听，观看思维活动的示例，并开始跟着你一起思考，大概还要注意一下他们的思考何时会和你的示例产生共鸣（或者不会产生共鸣）。 尽管在此情况下学生承担的心智活动的任务要少得多，但值得注意的是，他们在这里确实分担了某种程度上的学习责任。

考虑到这一点，在第一学期开始前，你就要明确你和你的学生各自扮演的角色：“读者们，在我通读这篇文章期间，我会停下来和你们分享我的想法。 当我这样做时，我希望你们仔细听两点：我在想什么以及书中的什么内容让我以它为思考对象。 读完后，我准备让你们帮我绘制出你们注意到的关于我思考过程中的一些事情的图表，所以请大家做好这方面的准备。 每个人都明白我们应该做些什么了吧？”

最后，当学生准备接手更多的任务时，你就要说明他们所担负的是不断变化的责任，或许可以说：“读者们，请注意听，因为我们的任务将要发生变化，我们刚刚展示的是有声思维活动，其间我进行了思考，并且随后我们绘制出你们注意到的有关有声思维的事情的图表。 今天，在我阅读期间，我会停下来让你们思考。 你们将在几秒钟的思考后与你们的同桌分享两件事：你在想什么以及书中哪部分内容成了你的思考对象。 你们一定要认真听并努力思考，因为谁都不会知道我准备何时停下来。 所以……说明白点就是，我的任务是阅读，你们的任务是思考并且分享。 都准备好了吗？”

在上述两个示例中，你的教导会帮助学生更清楚自己要承担的责任。如果我们想要学生在自己的学习活动中扮演积极的角色，我们就必须确切地告诉他们要扮演的角色是什么。 学生通常会按照我们的要求行事，但是期待他们去做一些我们没有花费时间向他们做出清楚解释的事情是不公平的——所以，我们要谨慎对待他们已经知道了的臆断与假定。

不到位的帮助

你也要对你可能会有的关于你和学生各自承担的职责是什么的那些先入为主的想法保持警惕。 我们中的大部分人都是在无意识地行事，要是我们只是提出要求的话，那么对于我们来说再正常不过的事情就是，学生本来已做好了承担责任的准备，却被囤压下来。 正如我们刚刚列举的有声思维的示例所强调的那样，学生在逐步让渡责任进程的演示阶段必须承担的责任经常会被人遗忘，其实学生在许多领域都可以扮演重要角色，但传统上我们可能会把它们全部推给教师这一方。

以评估（调查）所发挥的作用来说吧。我一直以来都是以传统的“两个优点和一个生长点”的做法来对孩子的阅读活动做出回应的。你可能对那个短语不熟悉，它描述的是一个过程，你可以通过这个过程把阅读者带回到文本中去，告诉他们做得好的两件事，然后处理他们所遇到的一个困难之处。

几年前，我意识到这种回应方式尽管用心良苦，却把确立强势与弱势领域的责任明确无误地压到自己身上来了。不要误会我的意思，对于我来说，肯定有成为首席鉴定人的某个时间与某种场合，但是这都要——再一次地——归结为意向性的问题。随着逐步让渡责任进程中师生所分摊的责任角色的转换，我们必须改变的是让谁来证实强势领域之所在，以及让谁来确定生长点。

现在我仍然在使用“两个优点和一个生长点”，但是我对它多了一重心思。以前我在孩子们读完后就匆匆地告诉他们哪里做得好、哪里需要改进。现在则相反，我会寻找机会把文章交给阅读者并问他：“你能告诉我你在哪里做得很好吗？”然后又问：“你能指出你遇到麻烦或者需要帮助的地方吗？”我发现的极不寻常之处是，当我允许学生主导这些非正式评价时，他们通常能恰到好处地指出当时我已经在思考的内容，有时甚至还会突出强调一些生长点，这就把我的教学脚手架引往一个全新的发展方向。

另一个我们可能只想留给教师负责的领域就是确立某一个教学重点。作为博学的他者，我们通常是为教学脚手架选择目标的领头人，其实学生也可以参与到这一抉择中来。在某种程度上，这与我关于“两个优点和一个生长点”的想法随时间而发生改变的过程有着相似之处，现在我已经渐渐明白邀请学生参与到目标设定过程中会是一种增强学生主人翁意识的有力方式，这样做还可以提升学生学习的动机与参与度，并增强学生学习的自主权。

因此，我现在要寻找机会让学生告诉我他们想要做什么，以及想要提升与完善的地方。我让责任的分摊得以持续存在的方式就是，大多数时候，在阅读小组和读书讨论会刚开始时，我就抛给学生这样一个问题："作为一名读者，你正在做什么？"最近，当我在一年级学习小组的课桌中间来回走动时，他们的回答真可谓五花八门，有的说："我正拿着书，快速地阅读。"还有的说："我用手指点读时被一个词难住了。"还有一个回答道："我在查看图片，那么就不难理解了。"

与我们有可能愿意让学生承担的在目标设定方面的责任相比，学生往往能够分担更多的责任。无论小读者和小作者们是想读完自己人生中的第一部章回小说，还是要通过州写作考试，或者只是读一本书给祖母听，他们都有与生俱来的自我提升的愿望，那么我们可以充分利用这一点，在搭建教学脚手架时为他们的目标留出空间。随着你越来越关注自己和学生所分担的教学角色，要坚持让学生分担责任——甚至是在你通常想不到的一些领域，如评估和目标设定——那么你将会很快注意到你的那些读者和作者有了更多的主动性。

多变的支持力度

在迟早的某个时候，我们要开始放手，这样我们的学生自己就可以前进，知道何时移交责任——不用说移交多少责任以及以多快的速度移交责任——与我们观察学生的能力（调查）是直接相关的。有效的教学脚手架搭建者会一直监控学生以及他们的回应，并以此为依据判断他们需要多大力度的支持、何时需要支持，以及他们何时为教学脚手架的逐步撤离，以及最终完全拆除做好了准备。时时处处，细心观察会为教学决策提供方向，确保教学脚手架搭建者所做的一切都能让学生在学习时承担最佳水平的学习责任。

当你在教授你班级的学生时，请记住这一点，铭记作为一名孩子观察者的重要性，要对学生已经为进入下一学习阶段做好准备的信号保持警惕。尽管你将会继续在各种各样三分剖析数据的基础上做出教学决策，但是当你全力推动学生取得进步时，你需要考虑的决定性因素是学生在你目前的支持力度下是否取得了成功。如果他们确实取得了成功，那么此时大概就是把事情往前推进的时候了。

比如说，我正在教一个三年级学生，帮他在阅读断句时做得更好，于是我决定在大声地范读文章时嵌入短语间的分界线（例如，“月亮悬挂/在夜空中。//当我们在等待鱼儿上钩的时候，/我想起了爷爷，/我们都无比地想念他。//”）。当我这样做的时候，我会寻找我所做的示范与他产生共鸣的迹象。当我发现产生共鸣的时候，就会通过让他重复我范读的每一句话的方式降低自己给予支持的力度。在给予几次同等力度的支持后，我注意到他开始以我示范的方式来处理阅读时断句的问题，他已经做好接手更多责任的准备了。

或许一开始我就可以鼓励他和我一起读，一旦看到他自己就可以读得很好的话，我就马上回撤支持的力度，让他独立朗读。如果他在中间有些迟疑和停顿，我就会在需要时帮他解围，但在大多数情况下，我都希望他能胜任这项阅读任务。当我看到他连续有效地运用合适的断句法进行朗读的时候，我就会彻底地移除教学脚手架，或许最初还可以再强化一下他那些成功的做法，但是最终我甚至连这种程度的支持也予以收回，而不再给予任何支持。

请注意我在采取每个步骤时都有直接的观察在前。这样，评估就可以为我们做出决定提供导向，让学生在学习过程中承担起一系列不同梯度的责任。当你收集到的证据证实学生在某一特定水平上形成了优势时，你就要提升对学生的期望值并推动他们承担更多的学习责任。最佳责任水平就像一个移动标靶：随着学生从一种能力水平逐渐提高到下一种能力水平，一个新的挑战便出现了，此时教师支持/学生担责的整体框架又发生了一次位移（参见表 8.3）。

表 8.3　以观察证据为基础的责任切换

教师责任 ⟶ 学生责任
切换：教师完全移除断句分界线，这样学生就可以在没有分界线提示的情况下练习朗读。
证据：阅读者可以轻松自如地在断句分界线的提示下恰当地朗读。
切换：教师停止朗读并鼓励学生自己去读。同时，教师要加以监控以确保当前的支持力度是适宜的，根据需要可以加大支持的力度。
证据：在合读过程中，读者的能力提高，自信心增强。
切换：教师邀请读者以相同的阅读方式与她一起合读。
证据：在断句分界线的帮助下，读者坚持按照教师对断句的示范进行朗读。
切换：教师继续运用断句分界线进行范读，但让读者用同样的断句方式和语调来跟读。
证据：读者在关注教师所做示范的同时，领会断句以及断句分界线的目的。
切换：在运用断句分界线示范恰当断句的同时，教师清晰地描述断句是如何为流畅阅读和文本意义提供支持的。
证据：学生以一种单调而生硬的节奏以及一字一顿的断句方式来朗读。
当学生达到熟练程度时，教学脚手架会再次切换以满足学生新的需要层次，又一次拉开整个进程的帷幕。

重回教学灵活性话题：变速前行

尼尔·墨瑟(1995)强调了这种支持力度不断发生变化的灵活性特征，提醒我们在搭建教学脚手架过程中提供的指导应该“针对学生发展变化中的能力水平而加强或回撤”（第 75 页）。换句话说，我们应该对课堂教学做出细微调整，以满足学生在每个特定学习阶段的即时需求，思考他们的学习起点以及下一步我们期望他们达到的目标。当你采取这些前趋性教学步骤时，记住要不断地去留心收集一些第一手证据，它们会告诉你，你把门槛是否抬得过高或者提高得太快，又或者是否有不必要的拖延。还要记住弹性教学（参见第 5 章）的重要性。如果你的回撤力度太大并注意到你的学生开始出错，此时相当明智的做法就是沿原路返回，重整旗鼓并提供额外帮助，从而加以补救。另一方面，如果有证据表明学生已经超出你的预期，较早地做好了独立学习的准备，那么你要在下调援助力度的同时，做好与学生一同把学习活动往前推进的准备。

每一次，基于证据你做出加大或减弱支持力度的决定时，你将会在更多的参与和较少的干涉之间波动。当你想要知道如何才能推动学生承担越来越多的责任时，考虑一下如何在教师参与的范围内对你的行动进行调整。随着我的三年级学生学会了在读书时如何断句，我会以同样的方式逐渐改变自己的参与程度，从外显的协助过渡到不太直接的支持。

你在搭建教学脚手架过程中采取的每一个行动都应该有所变化，这与你想要学生承担的最佳水平的责任有直接关系。下面是几个例子：

时机选择的转变——当你给予学生的支持力度从强向弱过渡时，你的教学回应时间可以从在学生学习某一项新技能时向学生提供迅速而及时的提示，过渡到随着学生的进步而不再需要老师那么频繁的干预时向学生提供逐渐延迟的提醒。例如，当一个急需帮助的学生在苦苦挣扎的时候，你就要迅速做出回应，马上给予指导。然而，随着这个学生能力的逐渐提升，在你提供帮助之前，大概就要给他一些时间去回忆一下他所掌握的知识。

教学脚手架的转变——你还要逐渐减少视觉型、听觉型和动觉型教学脚手架。例如，假定你们在那些你和学生一起温习功课时常用的大型锚图前开始上课，当你看到学生需要较少的指导时，你可能会转换到借助于桌面展示牌，直到最后转向于只提供模糊提示的书签。另一个例子是，在练习字母笔画构成时，可以唱那首歌曲“书写字母从上方起笔”，但随着学生的进步，当有学生在开始书写字母时忘掉这一点的时候，你只需把那首歌哼一下就可以了。动觉型教学脚手架同样也应该逐渐撤离。随着学生的能力有了更大程度的提高，读书时他们就不需要再使用手指去点读句子了，写字的学生也要在写字时摆脱对使用一根手工制作的棍棒来把握单词词间距的依赖。

身体位置的转变——对于分担式阅读和互动式写作而言，我们让学生靠近我们是有原因的，甚至对于指导下的阅读课来说，我们也想让他们离我们更近。当学生刚开始学习一项新技能或新策略时，教师与学生间的距离就会很重要。最初，你就待在他们身边，彼此密切地合作，通常是手把手地提供指导与帮助。一旦他们开始承担学习上的责任，你就要袖手旁观，手也要从书本上拿开。当学生变得越来越自给自足的时候，你就可以切换到巡回漫游模式，监控他们学习的进展状况，只有在需要时才绕到学生身边为他们提供一些协助。

通过这一切，我们要记住教学脚手架是临时的。当我们做出重要的教学决策以促使学生在跨越最近发展区的过程中实现更大的自主性时，我们的支持会淡化直至消退为背景，此时我们的读者和作者可以逐渐取得主动权，我们会干涉得越来越少。

重回教学反馈话题：我们语言的转变

你针对学生做出的回应也要遵循一种教师支持逐渐淡出的模式。在第6章和第7章中，我们研究了教学反馈的影响，并探讨了隐藏于我们说话内容背后的力量，以及我们如何说话才能建设性地推动学生前进。当我们继续探讨让渡学习责任问题时，我们会以先前的探讨为基础，突出强调我们如何选择语言与培养学生让他们承担越来越多的责任。例如，请考虑如下我们有可能对一位小读者所说的话的文字描述之间的不同之处：

"请注意当我被一个单词卡住时，我是如何利用图片的。"

"你看了看那张图片，看过后你就明白了那个难于理解的单词的意思！"

以上两者都是教学反馈的有效形式，但是其中哪一种把大部分学习责任与教师联系在了一起？哪一种又把大部分责任归到了学生身上？哪一种回应方式最适合正在学习借助于查看图片的方式理解故事意义的学生？哪一种方式更适宜为早已精于此中门道的学生提供支持？两种表述中的任何一种都可以在搭建教学脚手架活动连续进程中的不同点位服务于增强自主权的目的，但是我们对这两种表述思考得越多，就越可以确定的一点是，一种回应方式并不能迎合所有的需要。有效的教学反馈直接关系到我们在逐步让渡责任进程中的不同阶段身处的位置。与一位管道工使用适当的工具进行工作的方式相同，我们也必须有意识地运用合适的语言来推动读者和作者前进。

正如我们为了这个目的而转变教学行为一样，我们可以通过改变我们所说的话语以及话语背后的意图来推动学生实现从模仿到分担责任再到走向独立的进步。甚至我们说话方式的细微调整也会让事情大大改观。表8.4展示了在逐步让渡责任进程中多组语言的位移方式。当你回顾该表时，要花点儿时间去注意一些事情。首先，当我们从左向右跨越该连续体时，我们的语言表达风格所透露出的干预性色彩从浓厚发展到淡薄。例如，从“看我做”到“我们一起做”到“你试着做”到“你做得不错”，这些口头话语的转变都遵循着从教师高度支持到学生高度自主的渐进轨迹。

表 8.4　逐步让渡责任进程中的教学反馈

教师责任 → 学生责任		
不能完成……	几乎能完成……	能完成……

演示	分担	援助	维持
看我做 →	我们一起做 →	你试着做 →	你做得不错
我留下一个间距来表明我要写一个新单词。	当你在写下一个单词时，我会把手指放在那儿把握间距。	不要忘记在单词之间留下间距。	你在书写时留下的间距让阅读变得很轻松！
当我卡壳时，我会运用图片来思考在故事中是什么才可以在意思上说得通。	请看着图片。他们正在做什么？	你说了……那讲得通吗？	你言之有理！好！
当我想要拼写一个单词时，我缓慢读出并倾听其发音。当我这样做时，请注意倾听。	让我们读那个词时把声音拉长并听取里面含有的几个发音。	你怎样才能弄明白如何拼写这个词？	正是如此！你慢慢把它读出来，那么你就可以听到它的发音了！
看看我是如何读的。我读的单词和书上的单词要匹配。	当你读的时候，把手指放在单词下方，要挨着那些词。	再试一次，要配得上。	你做得很棒！已经配上了。

续表

教师责任 → 学生责任			
不能完成……	几乎能完成……		能完成……
演示	分担	援助	维持
让我来示范如何检查你的书写内容。当我重读句子时，请注意听。	我将重读你写的内容，你来听听它是否通顺。	记住要重读你写的句子并保证它表达了你想要表达的意思。	对，你所写的句子中的所有单词一块儿传达了意思。
当我在读句子时，听听我是如何把词语组合在一起的，这样它们听上去就像我在与人交谈。	我准备读这一句，并且我要你们也要像我一样来读。	你是这样读的。这会是那个人物的说话方式吗？	当你读句子时，听起来像是在与人交谈。

我们还要注意，当学生获得学习主动权，但我们还不能最终确认他们有了独立处理学习问题的能力时，我们在搭建教学脚手架过程中所使用的语言，是怎样从详细的解释转变到直接的提示，最终过渡到一般性的提醒和线索给予的。为了鼓励学生在跨越逐步让渡责任进程中的学习行动，我们可以通过调整我们做出回应的方式来帮助学生在学习活动中实现跨越式前进，每一阶段都有与之相匹配的特定语言支持类型。

演示阶段——运用直接明确的语言进行课堂演示，能让学生集中注意力，并关注它是如何完成的，以及它怎样才能有助于自我的提升。这种互动交流可以唤起学生对老师正在演示的事情的注意，或者对于其他读者和作者有效行为的注意。

“观察我是怎么做的。在我试着写出这个单词前，我会大声地、缓慢地把这个词读上几遍，把声音拉长。当我这样做时，我会听它的所有发音并思考我所知道的那些组成部分。”

“让我们看看伊夫·邦廷刻画人物方式的几个例子，她运用对话向我们展示了她笔下人物的内心世界。”

分担阶段——使用具体语言，开始向学生移交学习责任，让学生参与学习任务，鼓励他们开始尝试那些他们还不能单独完成的事情，支持他们的第一次初步尝试与粗略想法。

“现在，我们一起做。读时拉长那个词的发音并且听取我们知道的组成部分。”

“试试这样去描写。当你弄丢了你哥哥的手机时，不要描写他有多么生气，相反，你可以描写他对你说了些什么——你知道的，像伊夫·邦廷所做的那样。我会帮助你的。”

援助阶段——所用的语言会使得学生想起他们可能已经忘记的事情或者提醒他们去做一些老师确信他们知道该怎么做的事情。该阶段的反馈要比演示阶段和分担阶段的反馈宽泛得多，推动学生更大程度地参与到思维活动中去。

“记住……说慢点儿。”

“在你和弟弟打架惹得妈妈生气的那一部分，你怎样向读者展示妈妈有多么生气？”

维持阶段——使用有较少干预性色彩的语言来鼓励、关注、指认学生的有效尝试，这样他们将会不断重复那些成功的做法并继续获得能力的提高。

"我看到你读那个单词时声音拉得很长，那么你就可以听到它的组成部分！对自己笑一下！"

"当你在描写你的小妹妹如何站起来并大声喊着让所有人都不要再争吵时，我的确可以看得出她对所有人的争执感到多么厌烦。"

调查阶段——运用可以指认学生优缺点的语言，不论是通过观察性评论、澄清问题，还是关注学生学习尝试所带来的成果（或不成功的结果）。针对这些领域的责任是落在教师身上还是学生身上，这要视具体情况而定。

"让大家看看你读时是如何把声音拉长的，然后就明白我是否能提供帮助。"

"重读你所写的内容。你自己听上去感觉怎么样？他所说的话使你感觉到他非常生气吗？"

当我们努力让学生更趋向于独立时，我们的语言也一定要有所转变，鼓励他们朝着下一阶段所要承担的最佳水平的责任前进。当我们以逐步缩减我们的参与机会的方式来设计安排我们所做的反馈时，我们的学生会加快学习步伐并更具责任感。这样，我们的言语模式就会促使读者和作者积极参与到学习过程中。

改变你的语言，你就可以转移责任！

都与"你"有关！

在表 8.4 中，你可能已经注意到的一件事情就是，在单词"你"出现的地方，总有与其相对应的代词"我"和"我们"与之相对比。这些代词是责任分担的重要指标，当你越来越有意识地关注你的反馈语言时，你就要确保你所说的每一句话都反映了你要将学习活动推向前进的意图。

请思考“你”“我”“我们”这三个词，并关注它们在表 8.4 中的逐步让渡责任进程中是如何变化的。全世界的婚姻顾问都告诫夫妻们与此有关的这些话语是如何暗示着不同的苛责程度的。比如，请思考一下这两句话的不同之处：“你真让我生气，一晚上你都待在你妈家里”和与它略有不同的另一句“我很生气，一晚上你都待在你妈家里”。当然，根本问题是一样的，但是生气缘由的责任方——如果只是有着轻微差别的话——从第一句话到第二句话发生了转换，由此会造成不同的现实。其中一句话是你要对我的情绪负责，而另一句话是我为自己的情绪负责。

再举一个与学习有关的例子，诸如“我在这儿划了一个句号”“听听我是怎么读的”，或者“读诗时，我脑海里形成了一幅画”这一类的句子，会落到逐步让渡责任进程的左手边，如果那正是搭建教学脚手架过程中你所处的位置，那么你这样说就是合适的。但如果你处于靠近中间的位置的话，那该怎么办？如果你处于接近终点的位置，又该怎么办？“在我做的时候，请看着我”这样的句子表明我是场面的主要管控者，然而诸如“我们可以通过思考一些重要信息以及它们所呈现出的顺序来总结这篇文章的主要内容”这样的陈述就暗示了我和学生的角色分担。但如果是诸如“文本中哪些内容是你说话的依据”这样的回应方式的话，我们就传递出一个信号，即学生应该对思考过程负责。

当你在浏览以下例子时，想一想老师的语言——更具体地说，是代词“你”的使用——是如何把最佳责任水平集中于学生身上的。

读者：(正在读)那只猪在睡觉(The pig is asleep in the)……(把手指放在字母“h”上，接着就停住了)

教师：你似乎被卡住了。你在那儿自言自语些什么呀？

读者：（指着字母组合"ay"）我认识这些……它的发音是"ay"。但是……（抬起头）

教师：你发现了你认识的一个组成部分，但是你不确定下一步要做什么。

读者：（揉揉脸）是的。

教师：有没有你认识的另外一个组成部分？

读者：（指向字母"h"）我想……就像在单词"hat"中那样（查询字母发音表）。

教师：那么，你之前见过它。这对你有所帮助吗？

读者：哦……h……h……ay……干草。那只猪在干草堆里睡觉！

教师：你对了吗？

读者：还没有吧？

教师：好吧，你还可以查看什么？

读者：（看着图片）干草！它是干草！h……ay 那只猪在干草堆里睡觉。

教师：这一次该对了吧？

读者：是的！

教师：你是怎么知道的？

读者：我查看了图片，还用了那些字母发音表！

教师：你真棒！为了把它彻底弄明白，你利用图片来思考这个故事，并且想起这个单词中你认识的组成部分。朝自己笑一笑！

这并不是一门精确的科学，你没有必要亦步亦趋地谨慎跟随，但是值得思考的问题是，语言的细小转变是如何影响教学脚手架活动中责任的承担的。更多例子请参看表 8.5，注意代词"你"是如何暗示责任的，是如何把工作任务从老师那里转移到学生身上的。如果你的目标是让学生身上显现出越来越高的独立性，那么在你回应他们时，就要注意你使用的那些代词。从“我”到“我们”，再转换到“你”，这是我们对我们的反馈进行调整以反映我们的教学脚手架推动责任水平不断提升的另一种方式。

表 8.5　把责任揽到“你”身上

- 你怎样才能帮助自己？
- 你会尝试什么？
- 你是如何知道的？
- 你还会检查其他什么内容？
- 你可以从哪里寻求帮助？
- 想一下你已经知道的可以帮助自己的事情。
- 自己指认困难的部分。
- 你看到你认识的组成部分了吗？
- 你注意到一些能发挥作用的事情了吗？
- 你完全依靠自己才想明白的。
- 在寻求帮助前，你尝试过自己去解决问题。
- 作为一名读者，你在干什么？
- 当你解决掉困难时，你在想什么？
- 你那样说的依据是什么？
- 这是你可以尝试的一些事情……
- 你已经做好了接受一名写作者写作诀窍的准备……
- 你对了吗？
- 你一定要为自己感到骄傲！
- 你是如何利用这篇文章来帮助自己的？
- 你会检查些什么？
- 你说……那讲得通吗/听起来合适吗/看起来合适吗？
- 那是如何帮助作为一名读者的你的？
- 是什么阻碍了你用大写字母？
- 你是怎样做得这么好的？
- 为了解决那个问题，你头脑里还想到其他什么方法了吗？
- 对你自己微笑一下。你学习真努力！

推动小读者和小作者承担最佳水平的责任意味着，在鼓励学生不断前进并担负学习责任时，我们要回撤支持力度并逐渐淡出。这并不是偶然发生的，相反，这需要我们深思熟虑、意志坚定，最重要的是，还需要我们有意为之。

当我们在建构区施教时，要保证我们的教学决策在每时每刻、每一阶段都要引导学生尽可能地去完成他们能够完成的学习任务。当他们做好准备时，敦促他们去承担更多的学习任务。当我们的读者和作者能够应对这些挑战的时候，我们再完全撤除教学支持手段，放手让他们走向最终的独立。

学会平衡教师支持的力度和学生面临的挑战之间的关系，这在开始时可能并不太容易做到，但你终究会掌握其中的诀窍。识字扫盲专家黛比·米勒确信："当你从学生那里了解到他们需要什么的时候，你就会知道在什么时候以及如何让渡给学生更多的学习责任。""因此，你要置身于当下，在教学的同时倾听学生说了些什么。你不需要什么都知道，但有些事你必须知道。怀着一腔真诚，学会倾听，以开放的心态去拥抱新思想和新的思维方式。当你做到这些的时候，你的心里和头脑中就会明白你接下来要干什么。你真的能做到。"（2011）

所有你要做的就是，为你的学生创造建设性的环境；精心策划安排教学中的互动活动，让学生成为自己学习活动中积极的、具有责任感的参与者；然后为他们闪开一条道路，让他们阔步前行。

但仍然存在着这样一个问题：你是他们前行路上的绊脚石吗？

我们去找找答案。

建设性反思

1.如果你问学生这个问题:“你在学习过程中的任务是什么?”你认为他们会如何作答? 优等生和学困生之间的回答会有何不同? 这些假定的答案会改变你持有的对于教学方式的观点吗? 又或者,这些假定的答案会肯定你目前的教学实践吗?

2.在搭建教学脚手架的过程中,你怎样识别并监控学生的最佳学习责任水平? 在寻找学生可以承担起的最佳水平的责任的过程中,你是否遇到了困难? 你会留心一些什么样的有助于你知道的迹象,并可以帮助你知道你所提供的支持何时是恰到好处的,何时又显得太多,或者何时又是不足的?

3.想出一个你和学生在分担责任时遇到困难的领域。 是什么因素阻止你把学习责任移交给学生? 较为轻松地让渡责任又将会如何影响你的教学效果?

4.本章把学生当前所取得的成功程度视为何时调整你搭建的教学脚手架以及何时推动学生向前迈进的一个主要决定性因素。 当你准备做出这个决定时,你会考虑其他什么因素吗?

5.你对自己教学反馈中的教学转变是否多留了几分心思? 在搭建教学脚手架过程中的每个阶段,有哪些是你习惯性的回应方式? 你如何改变你的语言,使之更符合你期望自己的学生所担负的学习责任?

6.你能否想起在个人生活的一些场景中,你对代词的无意识运用传递出了责任分担的隐性信息? 你与此有关的意识有所改变吗? 如果有,这种认识会对你和学生之间的对话产生什么影响? 你可能会因此做出什么样的教学调整?

第 9 章　为学习责任而管控：放松管控的时机

让你的读者和作者学习时有最大限度的独立性，是建构区工作的一个重要组成部分。要想成功做到这一点，就需要进行大量的有意准备和持续不断的反思。你要努力确定教学重点，你要准备灵活的课堂教学以处理教学重点的问题，你还要期望着能给予学生建设性的反馈，并且要小心翼翼地力图通过让渡责任来促进学习者的进步。毫无疑问这是一项艰巨的任务。然而，在努力之后，你最不希望的事却发生了，你发现自己竟然成了阻碍学生取得进步的绊脚石。

有时候，尽管我们有着良好的初衷，但这样的事确确实实发生了。随着我们不断充实对搭建教学脚手架活动的探讨，再具体一点儿说，随着我们不断充实对处于最佳学习责任水平的学生在搭建教学脚手架的过程中所扮演角色的探讨，我们要对自己的实践进行最后的反省，追问这个问题：

· 我真的成为绊脚石了吗？

这个问题挑战着我们去寻找并识别自己身上可能会有的类似于球场上爱控球的任何无意识的习惯。从本质上来说，该问题就是在追问："尽管我做了这么多事情，但是我推动学生进步的那些期望所产生的实际效果是否阻碍了他们的进步与发展？"拷问自己无意识做的那些事是否阻碍了我们正在努力促成的那个进程，这可能是作为博学的他者的我们提出的最难以回答的一个问题，因为这样的自我拷问涉及批判性的自我反思层面。

我们可能并不总是喜欢自己所看到的那些东西。

什么时候的太多是过度：滥搭教学脚手架

当我开始写这本书的时候，我就知道我们将要了解并解决我们的教学脚手架常常不尽如人意的一些地方，更具体一点儿说，要应对与处理那些我们未能给予学生足够支持的常见的教学互动。为此，我们回顾了偏离教学重点、死板僵硬的教学脚手架易犯的错误，还回顾了建设性反馈和教师回应性语言的重要性。有了这些对话的帮助，我们就可以为在搭建教学脚手架时提供适度的教师支持创立一个案例大全，但是要绘制一幅完整的图画；我们还需要彻底完成所有的事情，将我们的关注点从应对支持水平不足的问题，转移到面对一个与之完全相反的情况——这种情况下不是我们提供的支持太少，而是太多。

那么，我们就用对滥搭教学脚手架的谨慎警告作为本书的结尾吧。滥搭教学脚手架指的是我们提供了过多支持或者未能及时撤销支持的一种情形，这阻碍了学生在最佳责任水平下参与到学习的进程中去，使得我们做了太多他们自己能做到的事情。

我敢肯定我们中大多数人都会承认，自己时常会在不经意间做过滥搭教学脚手架的事情。这是很容易发生的事情——尤其是如果我们不知道对此要留神、提防的时候。这就是我们要对自己可能为学生提供太多帮助的那些方式保持警觉的原因，这是重要的第一步。留神自己的教学行为，有助于监控我们滥搭教学脚手架以至于妨碍学生取得进步的那些情形，这样我们就可以终结阻碍学生取得进步的那些行为模式。

简单来说，滥搭教学脚手架问题，出现在我们原来部署到位的用于帮助学生的支持性手段还没有被拆除的时候。记住，我们在搭建教学脚手架时心里就应该清楚的一件事是，它们终究是要被拆除的。如果我们没有拆除脚手架的计划，我们就会冒这样一种风险，即让读者和作者依赖于他们不再需要的协助，这甚至会阻碍学生的进步。

思考下列例子中所提及的教学支持手段实际上可能会如何阻碍学生独立性的培养，以及对最佳学习责任的分担。

- 尽管已有证据表明学生实际上已经不再需要结构图来进行概述，但仍要求使用结构图来组织小说的概述。
- 在学生已经能够熟练地用眼睛查看文字后，还让学生继续用手指点读。
- 在锚图已经完成它的历史使命之后又保留了很长一段时间。
- 在读者能够实际运用提示卡上阐述的大多数策略后，还在使用“当你被一个单词卡住时的行动指南”的提示卡。
- 在进行指导下的阅读活动时，给出冗长拖拉的书籍导读，而没有为学习小组自己去发掘与消解新知识留下空间。
- 给予过多的写作提示，这阻碍了读者去发现并阐述那些有意义的话题。
- 继续设计或演示学生准备好的自己要去尝试的活动。

这些场景中都包含有这样的支持性手段，虽然在过去某一时间节点它们具有价值，但现在已经变得不再需要。已经过了全盛期的它们（诸如用手指点读和结构图之类的教学脚手架）被保留的时间过长，实际上就会放慢学生取得学习进展的速度，甚至还会挫伤学生的学习积极性，降低学生的学习动机以及参与度。甚至过于频繁地使用特定形式的反馈，也会成为学生学习过程中的绊脚石，尤其是这样做会打断学生思考问题的流畅度和独立处理学习事务的能力。谨慎对待并留一分心思给你那些留置过久的支持类型，还要谨慎对待并留意如此行事方式有可能对你鼓励学生所承担的责任产生影响的方式。当我们给予学生的支持变成他们的永久性习惯而不是暂时性脚手架时，我们就剥夺了学生体验自信的宝贵机会，这种自信来自他们独立面对难度不断提升的挑战并取得成功的学习过程。

救援行为：搭建教学脚手架活动的邪恶孪生兄弟

最近，我有机会和一个教师小组共事几个星期，他们非常渴望能认真、仔细地审视一下自己的教学实践。我让他们放暑假之后挑出四个学生每天都进行个别辅导。我除了在个别辅导期间给予他们指导之外，还设计了一个持续的教师专业发展项目来为他们以及他们的教学目标提供支持。在计划阶段，教师要求我们花些时间用于调查他们运用的语言，以支持他们的学生向着独立的目标前行。

为此，我让他们把自己的课堂录制下来，并转录给他们的教师小组。在每天的教师专业发展时刻，组内一位教师要分享给大家自己转录的一节课，我们会审视、评判她激励读者达到更高能力水平时的语言运用方式。

在对他们的课堂教学进行研究时，我开始注意到一种重复性模式。这个教师小组异常迫切地期望他们的学生能够把事情做好。是的，他们为什么不呢？难道这不正是那种教师指导下的强有力的阅读课的症结之所在吗？以这样一种让阅读活动取得成功——作为结果，读者也取得了成功——的方式来迎合我们的书籍导读和搭建教学脚手架的需要。但是情况似乎比这更为严重，他们毫无疑问有着一种让学生把事情做好的紧迫感。然而，问题是大多数学生看上去却没有同样的紧迫感。教师比阅读者更卖力，在某些情况下，他们几乎包揽了全部的任务。

这给我们发出了一个危险的信号，我决定深入研究一下隐藏于他们教学决策背后的意图。在回顾他们转录的课堂时，我注意到一种事无巨细的教学模式，该模式包括一种哪怕是在学生遇到一丁点儿困难的时候，也想涉入其中并给予学生帮助的冲动型需要。这听上去是不是很熟悉？

当我让教师分享他们对于该模式的假定前提条件时，一些教师最初争辩说他们是在最近发展区内进行教学活动的，另一些教师怀疑自己可能过早地涉入其中，还有几位坦言对于自己这样开展教学活动的缘由也不敢确定。

我们重新审视了逐步让渡责任进程，然后我让教师们思考在那些时刻，就支持级别而言他们处于什么位置的问题。在对为教学搭建脚手架意味着什么的问题进行大量对话之后，我们意识到当我们搭建的那些教学脚手架不够稳固时，学生就会因此而畏缩不前，教学时我们往往会去抓救命稻草——竭尽所能地去“挽救课堂”。我们希望读者有成就感，但在彼时他们并没有取得成功。恐惧和不确定性使得我们介入其中（往往过早地介入其中），接手并承担起工作的重担。

我们开始把这确认为一种救援行为，并且我们把教师专业发展的剩余时间都用于调查救援行为是如何发生的，如何将它和搭建教学脚手架活动区别开来，以及如何调整我们的教学技巧以防止它的发生。最终，我们将救援行为确定为滥搭教学脚手架的另一种形式。与把支持性手段留置原位太久的做法相比，即使它远不是那么明显可见，也同样是有害的：救援行为展示的是一种妨碍行为，这种行为发生时，博学的他者承担了努力学习的全部责任，完全忽视了学生应承担的责任。

当救援行为无济于事时

在搭建教学脚手架活动和救援行为之间有一条异常细微的分界线，在诸多方面，它们拥有的相似性让人难以区分。这是一个容易犯的错误，因为当你对其进行思考的时候，救援行为和搭建教学脚手架活动都是建立在合作和援助的基础之上，两者都是帮助行为。两种情况都意指一个更具能力的人（教师）为一个需要帮助的个体（学生）提供支持。

尽管有着这些联系，救援行为和搭建教学脚手架活动扮演的却是截然对立的角色（参看表 9.1）。在我们的工作中，我们通过思考“责任”这个至关重要的概念来区分两者。我经常问教师：“你认为谁在那节课上更卖力？是你还是学生？”在救援情境中，教师通常是唯一付出努力的人——救援者是独一无二的责任人。另一方面，当教学计划在学生身上兑现了最佳水平的责任时，学生的努力程度和博学的他者相当。如果学生没有那么努力，那是由于教师承担了促进者的角色——支持、示范和鼓励，但不是接手读者的学习任务。本质上，搭建教学脚手架活动要求我们做到心中有目标，责任要分摊。有效的教学脚手架搭建者为了让学习变得更轻松，只提供恰到好处的支持。

救援者则只是大包大揽。

表 9.1　你是在搭建教学脚手架还是在提供救援

搭建教学脚手架活动	提供救援行为
有计划性——我们对教学走向有着具体的想法,并坚持自己的理念	无计划性——我们不确定课堂的确切走向,但是期望取得最好的结果
轻松学习——我们坚持最近发展区的教育立场,以正确的方式支持学生,他们在面对挑战性任务时即便冒险也会有安全感	容易放弃——我们的教学行为鼓励学生放弃努力,袖手旁观,把行动机会留给他人
有意向性——我们的每一步行动都是精确的、坚决的,也是经过周密思考的	随机的——总想捞一根救命稻草,不确定自己的教学举措是否合适
积极主动——备课时就预见到学生的学习行为以及学习需要并有所准备	被动反应——我们做出教学决策充其量只是膝跳反应一样的本能,我们往往并不确定它们的有效性
以知识为前提——根据对学生和最优教学实践的了解,做出准确、可靠的决定	源于不适感与不确定性——对于要做什么感到不确定,因此这种失调状态致使我们不假思索地涉身其中
以内在能力为先决条件——我们确信学生有内在能力去承担手头上的任务,我们耐心等待,给予学生信任并提供学习上的便利	以无能力为前提——或许是无意识的,我们可能不相信学生能获得提升,不确定在没有我们帮助的情况下他们能否成功
深思熟虑——提前计划,瞄准重点,用在自身专业发展过程中获得的恰当的、目的明确的教学手段来充实我们的教学锦囊	偶然性——我们的教学手段可能是莽撞的、漫无目的的,尽管我们可能在一些极好的教学时机取得了成功,但不能确定它们为何会发生以及是如何发生的

续表

搭建教学脚手架活动	提供救援行为
精心策划的——我们的课程以及对话目标明确,我们不会失去目标	冲动行事的——课堂松散而匆忙,我们的教学活动给人留下目标模糊不清且零乱的印象
以学生为中心——我们所采取的每个行动都取决于学生是否承担一定的责任,我们努力完善学生在独立学习时将会使用到的策略	以教师为中心——我们承担了过多责任,以至于一旦我们脱离这个情境,学习活动就会中止或恢复到原初状态
拆除计划——我们知道搭建的教学脚手架最终都会被拆除,前行的同时谨记该目标	无拆除计划——我们的教学语言与支持手段对于大多数课堂都是相同的,无意中使得课堂氛围死气沉沉
有意地分摊工作量——我们知道搭建教学脚手架活动需要学生与教师形成合力,并且注意到学生和教师的双重责任	教师承担大多数工作量——为了推动课堂取得进展,我们主导了对话与文本,学生任由教师支配
让人获得信心的提升与能力的增长——学生和教师轻松地上完课,感觉有价值,感觉自己有能力——真正的互惠学习自然而然带来的附带结果	筋疲力尽——学生和教师对教学中的折腾以及整体脱节的课堂感到厌倦
对积极的阅读者和写作者抱有心理预期——我们解决教学过程中和学生存在的失去学习兴趣的问题,并坚持让学生保持警觉,参与学习,迎难而上	造就被动的阅读者和写作者——我们允许学生以准参与者的身份参与其中,在到了该独立学习的时候,我们依旧无意识地训练他们做同样的事

被救援者

有意无意地，救援者都把学生视为不能自立的人，即没有独立行为能力的人或根本无法从使得他们陷入困境的事务中抽身而出的人。尽管这会发生在任何情境中的任何学生身上，但它似乎最常见于那些学习困难者、被动学习者、英语学习者以及“比较难教”的学生身上。因为很多教师不想在推动学生更进一步的发展这件事上冒风险，所以他们在敦促学生承担最佳水平的责任时可能会感到勉为其难或者茫然不知所措。

由于大多数孩子来到我们身边时都带着一种习得性无助感——这种普遍性地对学习的淡漠来自在教学中他们遭遇了太多的碰壁与挫折——教师和学生看起来都在为救援方案的展开而跃跃欲试。这是一种很不幸的情形，因为这些学生正是最需要我们通过有意识地为其搭建教学脚手架的方式给予重点关注的学生。正因为如此，具有讽刺意味的是，教学救援通常发挥的是相反的作用。在一个有着良好初衷的经典案例中，我们的读者和作者逐渐习惯了我们的救援行为，他们知道只要等待的时间足够长，最终会有人对他们产生同情之心，并且投身其中为他们代劳。

要特别留意这类学生，他们对于接受救援这件事感到如此舒适、享受，以至于他们更乐意让其他人接管他们手中的学习任务。如果教学救援要迎合身处习得性无助迷雾之中的那些被动的读者与作者的话，我们就要培养一种更强的自我行动意识来对抗这种行为模式。约翰斯顿（2004）将自我行动意识描述为这样一种感觉：“如果（学生）采取行动，并且是策略性的行动，他们就能实现目标。”（第 29 页）换言之，我们希望学生成为学习过程中的积极参与者，并且参与自身成长。我们希望他们明白他们能改变自己的世界，以及他们的行为会对自身的学习过程产生影响，但这也意味着我们的教学必须让他们勇于接受挑战。

救援者

去年，一位二年级教师问我能否帮她把一个学生身上存在的问题搞清楚。当我们回顾她在课堂上所做的笔记时，我注意到一个陌生的代码——T帮助——在她的评语中频繁出现，我好奇地问她这是什么意思。“哦，”她回答道，“那意味着学生遇到了困难，所以我帮助他解围：你知道的，给他一些提示，那么他就可以走出困境。”

“好呀，”我说，“你经常这样做吗？”

她随手翻了翻她记的几本笔记，思索着：“是啊，看起来我常这样做，我做错了吗？”

“你是怎么想的？”我问她。

“嗯，我认为……或许是我错了。特别是如果我真的想看看在没有我帮助的情况下他能做些什么的话。你知道吧？”

“是的，这还说得过去。”我大声说出自己的想法，“但我真正想知道的是，如果你不提供如此多的帮助，将会发生什么？”

几天后，我在教师休息室见到她。从她的微笑中我就看得出她已经把问题解决掉了。“哎呀，我的天哪，特里！”她大叫着，“我很高兴我了解了自己，难以置信我过去都做了些什么！我想要告诉所有人。”她接着还告诉我，当她抽身而退时，那个问题学生并没有如她先前料想的那么麻烦。“我问学生是否更乐意我提供较少帮助，学生的回答是肯定的，因为这样做能够给予他进行思考的时间。事实证明，我介入他的学习活动并没有起到我预想中那么大的作用。”

教师本质上是帮助者，我们中的任何一个人都有可能随时披上救援的战袍，这是难免的。但这是最显著的一个特点之所在，即物以稀为贵。尽管我同意这样的观点，即有一些教师是习惯性的救援者，但是援助并不是我们大多数人的全职活动，事实上它与审视、评判我们自己的课堂教学有关，并确确实实反映出我们的倾向性。

一些教师往往倾向于救助那些更需要帮助的读者，而其他一些教师可能会在学生整体上缺乏活力或当天的学习不够顺利时才施以援手。当我们感到某一特定教学领域的内容有些棘手，或者没能如我们所愿为课程做出规划时，我们也可能展开救援。一些教师根据在某一特定教学阶段对学生学习需求的观察随机展开救援行动，还有一些人展开救援行动是出于对效能感的需要。

当我们对已经就位的教学脚手架没有一个强有力的计划，或是在搭建教学脚手架的过程中漏掉一个步骤时，救援行为似乎是最容易发生的。救援行为理所当然会发生的情况是，当学生陷入困境之中却没有任何支援系统，给我们的感觉是他们非常需要救援的时候。例如，我注意到一种常见情况，该情况下我们感觉除了提供救援之外别无选择——但这通常是我们为自己设定的一个选择。

到目前为止，你已经非常熟悉逐步让渡责任进程的切换模式，从演示到分担再到独立。当导航正确时，这个过程（演示、分担、援助、维持、调查）会产生可靠的结果。但是当我们在这个过程中忽略掉某些步骤时，就会孕育出一个展开救援行动的成熟时机。例如，在演示了某项技能之后立即寄望于孩子去独立完成，我们就忽略掉了分担这个关键组成部分。同样的事情也会发生在我们一开始没有清楚展示对于孩子的行动预期，就直接推进到分担或独立完成环节的时候。这些疏忽大意通常是无意间发生的，很多时候老师甚至都不知道这些已经发生了。但要思考的问题是，它们是如何导致教学脚手架的残缺性以及不稳定性，而这种情况又使得我们的读者与作者最终需要有人涉身其中来收拾残局。

你的救援行为成为绊脚石了吗？

为了帮助你杜绝在自己的教学中可能发生的救援行为，可以用下列的反思性问题来思考你与学生之间的互动方式。如果你回答“是”的概率较大，或许是时候仔细审视一下你的教学模式了。

你是否经常发现学生在课堂上的学习势头没来由地逐渐减弱？

尽管很多其他变量也有可能是这个问题的根源，但救援行为是一个你需要考虑的因素。救援者开始上课时让人眼前一亮，但后来却以失败告终，这是再寻常不过的事情了。我注意到这个问题由两部分组成：教师疲于“整节课都在拖着学生前行”，而学生则在无聊之中备受煎熬。

你有无发现自己手忙脚乱地拿着课本，一边翻书，一边圈出难点，而学生却安坐于自己的座位上，手脚清闲，作壁上观？

尽管有些时候发生这样的教学行为也是不可避免的，但应比我们大多数人想到的要少一些。救援者很难做到抽身离去而让学生自己去尝试。如果你在教学中发现了这个问题，那么就可以考虑试做一个退出实验。在实验中，你要从教学活动中解脱出来，端坐一旁，双手置于膝盖之上，去做你的读者和作者的倾听者。对于我们大多数人来说，这样做会非常困难。但是这个实验能让你明白自己身上存在的那些倾向，即在不必要的时候为学生提供帮助。

你会在课后感到筋疲力尽吗？

如果你和我共事的大多数教师一样感到累的话，这可能是真实发生的事情，那是因为我们工作时太过于卖力了。我的意思是，我们大多数人因为来回走动而筋疲力尽。但在这种情况下，疲惫却有着另一个源头。由于教师在学习活动中承担了大部分责任，结果是，一心救援的教师经常比学生更努力，所以自己落得个疲惫不堪，尽管在开始时精力充沛。

大部分时间都是你在讲话吗？

救援者在自己的教学活动中往往会接管师生对话——经常会达到自问自答的地步——所以学生就不必回答老师的提问了。说得太多可能表明你在做大部分的工作。在教学过程中，你要监督大部分时间都是谁在讲话。如果是你自己，极有可能你的学生在课堂上并没有承担起最佳水平的责任。

你是否因为害怕挑战给自己带来的不确定性而尽量避免挑战自己的学生？

作为一种防御机制，救援者通常希望课堂进展顺利，所以他们会不惜一切代价避免棘手状况的出现。他们设计没有什么挑战性的课程，他们提出低水平的问题，而且他们特别倾向于选择避开自己难以控制结果的模糊局面，这样他们就能先发制人地避免那些学生可能需要救援的场景的出现。

对你而言，让学生独立完成困难的部分有难度吗？你等待的时间能否再长一点儿？

很多救援者过早地全身而入，当这样做时，他们通常自己把学习的责任承担了起来。如果时间停顿得太长了，就要再考虑用一种明确的、切入恰当的提示来启动熄火的课堂，例如，“我看你在这儿被卡住了，你能做些什么来帮助自己呢？”

你是否尽力针对学生的阅读或写作行为做过笔记？

虽然这并不总是表明你就是一个救援者，但有可能你无法好好做教学笔记的原因是，你忙于帮助他或她完成作为一个学习者的工作，而且你们双手都不离开课本。稍微做一下调整，引入做笔记这件事情，因为这是另一个可以考虑安排退出实验的绝佳之处。

你通常会提出封闭式问题吗？

正如我们先前讨论的那样，封闭式问题通常只要求一个字的回答，且不需要太多的思考（例如，“这个人物把她的问题解决了吗？”相对于“你能告诉我这个人物企图解决问题的方式吗？”）。这是一种常见的救援形式，主要是因为封闭式问题营造了一种教师和学生都很成功的假象。为了好玩，我和朋友曾经发起过一个挑战，在10分钟的教学时间内不准提出任何封闭式问题。我们俩都坚持了大约两分钟，然后哈哈大笑起来，要想坚持10分钟真的是太难了。当然，在教学过程中，100%地使用开放式问题几乎是不大可能的（并且很可能不会那么富有成效）。但仅仅争取进行更多的开放式对话，而不是封闭式的，就会对你和学生的互动交流产生积极的影响。

你是否会像玩躲避球游戏一样用跟进式问题去打击学生，而没有让他们真正地分享自己的想法？

这是一种常见的救援行为。我们中的大多数人冒险提出一个开放式问题，仅仅是为了向学生提出连珠炮式的封闭式问题，借以摆脱学生思考过程中的沉默带给我们的不适感。当一个和我共事的四年级教师意识到他正在做这种事时，他立即停止了这种做法。后来，他告诉我，这样做在学生身上所产生的效果让他大为吃惊。他说：“学生有了更多讨论与处理问题的时间，他们都受益匪浅，尤其是那些学习困难者。”

你在为自己的课堂界定一个教学重点时是否感到很吃力？你是否有过许多匆匆结束的课堂，或者很难做到让自己的课堂不偏离教学重点？

尽管这一切似乎都很重要，但我们不可能一次教会学生所有的知识。瞄准教学重点将会为课堂教学中更精心地搭建教学脚手架活动提供支持。没有教学重点，我们的课堂就会让人感觉很零散，这会让我们感到无所适从，而且当我们处于这样的状态时，我们往往会有更多救援行为发生。

你要注意的是，这些行为本身并不是救援行动的直接指标。当然，上面列举的种种思考为你在课堂上的任意特定时刻需要处理的其他诸多问题留下了余地。然而，这些问题可以成为你非常好用的自我评估工具，有助于你在评估教学以及工作时保持头脑清醒，以识别出需要进行细微调整的那些救援行为。

精心策划、有目的地搭建教学脚手架活动是滥搭教学脚手架以及救援行为的对立面。这需要我们有意识地进行规划，更不用说大量地实践了，但是第一步是要有警觉性。当我们花时间去监控教学时，要留心我们可能会阻碍学生承担最佳水平的责任的那些教学方式，我们要采取强有力的措施来帮助学生成为独立的终身学习者。

我们所做的任何阻碍将责任让渡给学生的事都会给他们带来危害。尤其成问题的是，滥搭教学脚手架行为营造出我们正在为学生提供学习帮助的假象。任何时候，我们做了学生自己能够完成的事情，我们说了他们能自己说的话，他们应该学习时我们涉身其中给予救援，或者那些支持性手段被我们留置得时间过长，就会削弱搭建教学脚手架活动的成效，阻碍小读者和小作者潜能的发挥。

即便我们认为自己是在帮忙。

最后，外表看似简简单单、自然发生的事情实际上是我们整个搭建教学脚手架过程的极端倾向带来的结果——观察、注意以及思考——当我们做出必要调整，以推动孩子提高能力，促进他们承担最佳水平的责任的时候。

这就是在建构区进行课堂教学的全部内容。

为了让学生能够最终获得独立，我们需要在与他们共同学习的过程中多多鼓励他们成为学习活动的领头人。一天早上，詹森来我的教室还书。

我如往常一样问他是否愿意花几分钟和我一起阅读。“当然愿意了。”他耸耸肩说道，然后从我的桌子边拉出一张椅子。

当他坐下阅读时，我不禁思考起詹森身上所发生的巨大变化。到目前为止，我们都知道一个惯例，即他每周都会以送书的名义现身一次，然后在我要他离开之前和我一起阅读。事实就是如此，詹森想要和我一起阅读，但如果这是我的主意的话就再好不过了。我不得不打个问号。

我对这个安排很满意，这和几个月前的情况完全不同，那时让詹森去读任何一本书几乎都是不可能的。但是事情不止于此，他变得似乎一切都有所不同。他阅读时更加自信，并且急于向别人展示他所知道的东西。他会自我监控和自我纠正，并且随着时间的推移，他的阅读速度更快，阅读也更有效率。我为他感到兴奋并鼓励他坚持下去。

“詹森，刚才听你说话的时候，我在考虑把你当作一个读者来看待，并且注意到你做得很好。”我一边说话一边收拾东西，“局面都在你的掌控之下，并且你通过自身努力去克服困难，你阅读时听上去也更加流畅，你已经不再是过去的那个你了。我在想你是不是可以告诉我发生了什么变化？”

“好的，汤普森先生，”他一本正经地说，“我一直在自学怎么阅读。”

等他跑去上课的时候，我想起他的回应。这个断言本身——我一直在自学怎么阅读——虽然很简单，但它却能说明诸多问题。詹森以他自己的方式对他在学习过程中所扮演的角色做了深刻的阐述。

从我们开始与学生一起学习的那一刻起，我们的任务就是让渡责任，让他们尽最大可能地管控自我。尽管我们会在过程中提供指导，我们的教学举措也应向读者与作者传递清晰的信息，即尽管我们在他们身边提供帮助，但这无疑应该是他们自己的任务。按照詹森的想法，那意味着他承担着教会自己阅读的责任，而我的角色——直白地说——只是在这个过程中为其提供支持。

这才是事情本来应该有的模样。

当一切进展顺利时，在建构区中搭建教学脚手架活动为学生创设下一个安全的场所。 在这里，恰到好处的、有效的学业支持手段使得年幼的读者和学生能够独立应对他们之前从未遇到过的挑战。 这是一个能力被承认、潜力被释放的场所，并且自信心为自我怀疑提供了庇护所。 这是一个一切看起来、听起来都合适的场所，而且，这一切最终都有了意义。

它还会是这样一个地方——如果你用心去倾听的话——你会听见一个博学的他者用温柔的、鼓励的声音在说："坚持……现在你能做了，你不再需要我的帮助了。"

建设性反思

1.无意之中你所做的一些事情成为学生走向独立进程中的障碍了吗？围绕此概念，你对自身教学实践的认识有什么转变？

2.回想一下自己执教生涯中所教过的各种课堂。 你能识别出在哪些情境中你将某些支持性手段在原位留置得过久吗？ 这对你搭建的教学脚手架以及学生的责任水平有什么样的影响？

3.你最常救助的人是谁？ 哪种类型的学生在学习过程中会让你大举干涉并接管他们的学习任务？ 意识到这一点将如何转变你对这些特定学生所做出的回应？

4.有些学生对于接受救援已经如此习以为常，以至于他们只是被动地坐在一旁，等待你来承担大部分的工作。 对于此类学生你会做何反应？你会如何和他们一起解决这个问题？ 你自己会如何解决？

5.什么时候你最有可能采取救援行动？ 在哪种情境下你发现自己在不经意间提供了过多援助？ 认识到与自己有关的这一点将会对你搭建教学脚手架的努力产生什么样的影响？

6.在本章最后一节中所列举的10个反思性问题中，哪个最容易让你产生共鸣？ 为什么？ 作为对这些问题进行思考的结果，你接下来将会采取哪些举措？

7.当你读完这一章——读到本书结尾的时候——你的建设性反思是什么？ 当你明天去学校时，你会做些什么不同的事情？ 或者会更用心地去做些什么事情？

参考文献

Appelt, Kathi. 2008.*The Underneath*. New York:Simon and Schuster.

Berk, Laura E., and Adam Winsler. 1995.*Scaffolding Children's Learning: Vygotsky and Early Childhood Education*. Washington, DC: National Association for the Education of Young Children.

Clay, Marie. 2005.*Literacy Lessons: Designed for Individuals: Part Two: Teaching Procedures*. Portsmouth,NH: Heinemann.

Daniels, Harvey. 2002.*Literature Circles: Voice and Choice in Book Clubs and Reading Circles*. 2nd ed.Portland, ME: Stenhouse.

Day, Nicholas. 2012. "Down with Training Wheels." *Slate*, May 11.

Dorn, Linda J., and Tammy Jones. 2012.*Apprenticeship in Literacy: Transitions Across Reading and Writing, K-4*. 2nd ed. Portland, ME: Stenhouse.

Duke, Nell K. 2011. "Helping Students Learn to Read and Write Informational and Procedural Text: Five Principles for Instruction at Any

Grade Level." Presentation to the Alamo Reading Council, San Antonio, TX, September.

Dweck, Carol. 2006. *Mindset: The New Psychology of Success*. New York: Random House.

Fisher, Douglas, and Nancy Frey. 2012. "Close Reading in Elementary Schools." *The Reading Teacher* 66 (3): 179—188.

Ginsburg, Herbert P., and Sylvia Opper. 1988. *Piaget s Theory of Intellectual Development*. 3rd ed. Englewood Cliffs, NJ: Prentice Hall.

Goetz, Thomas. 2011. "Harnessing the Power of Feedback Loops." Wired, July.

Harris, Theodore L., and Richard E. Hodges, eds. 1995. *The Literacy Dictionary: The Vocabulary of Reading and Writing*. Newark, DE: International Reading Association.

Jensen, Eric. 2009. *Teaching with Poverty in Mind: What Being Poor Does to Kids' Brains and What Schools Can Do About It*. Alexandria, VA: Association for Supervision and Curriculum Development.

Johnson, Pat. 2006. *One Child at a Time: Making the Most of Your Time with Struggling Readers, K-6*. Portland, ME: Stenhouse.

Johnston, Peter H. 2004. *Choice Words: How Our Language Affects Children's Learning*. Portland, ME: Stenhouse.

——. 2012. *Opening Minds: Using Language to Change Lives*. Portland, ME: Stenhouse.

Kamins, Melissa L., and Carol Dweck. 1999. "Person Versus Process Praise and Criticism: Implications for Contingent Self-Worth and Coping." *Developmental Psychology* 35 (3): 835—847.

Koenig, Rhoda. 2010. *Learning for Keeps: Teaching the Strategies Essential for Creating Independent Learners. Alexandria*, VA: Association for Supervision and Curriculum Development.

Landrigan, Clare, and Tammy Mulligan. 2013.*Assessment in Perspective: Focusing on the Reader Behind the Numbers*. Portland, ME: Stenhouse.

Martinelli, Marjorie, and Kristine Mraz. 2012.*Smarter Charts: Optimizing an Instructional Staple to Create Independent Readers and Writers*.Portsmouth, NH: Heinemann.

Marzano, Robert J., Debra J. Pickering, and Jane E. Pollock. 2001. *Classroom Instruction That Works: Research-Based Strategies for Increasing Student Achievement*. Alexandria, VA: Association for Supervision and Curriculum Development.

Medina, John. 2008.*Brain Rules: 12 Principles for Surviving and Thriving at Work, Home and School*.Seattle, WA: Pear Press.

Mercer, Neil. 1995.*The Guided Construction of Knowledge: Talk Among Teachers and Learners*.Tonawanda, NY: Mutilingual Matters.

Mercer, Neil, and Steve Hodgkinson, eds. 2008.*Exploring Talk in School*. Thousand Oaks,CA: SAGE.

Miller,Debbie.2011. "Releasing Responsibility." *ChoiceLiteracy.com*, August.

——. 2013. *Reading with Meaning: Teaching Comprehension in the Primary Grades*. 2nd ed.Portland, ME: Stenhouse.

Pearson, P.David.,and Margaret C.Gallagher.1983. "The Instruction of Reading Comprehension." *Contemporary Educational Psychology* 63 (5): 317—344.

Pink, Daniel H. 2009.*Drive: The Surprising Truth About What Motivates Us*. New York:Riverhead.

Routman, Regie. 2008.*Teaching Essentials: Expecting the Most and Getting the Best from Every Learner, K-8*. Portsmouth, NH: Heinemann.

——. 2011. "Highly Effective Teaching, Coaching, and Leading: Essential Practices That Accelerate Reading and Writing Achievement, Engagement, and Enjoyment." Presentation to the Georgia Conference on Teaching Reading and Writing, Perry, GA, June.

Rutherford, Paula. 2012.*Instruction for All Students*. 2nd ed. Alexandria, VA: Just ASK Publications and Professional Development.

Sousa, David A. 2011.*How the Brain Learns*. 4th ed. Thousand Oaks, CA: Corwin.

Stiggins, Rick, Judith Arter, Jan Chappuis, and Steve Chappuis. 2004.*Classroom Assessment for Student Learning: Doing It Right-Using It Well*.Portland, OR: Assessment Training Institute.

Thompson, Terry. 2010. "Are You Scaffolding or Rescuing?" ChoiceLiteracy.com, January.

Wood, David, Jerome Bruner, and Gail Ross. 1976. "The Role of Tutoring in Problem-Solving." *Journal of Child Psychology and Psychiatry* 17(2): 89—100.

Vygotsky, Lev S.1978.*Mind in Society: The Development of Higher Psychological Process*.Ed. and trans. Michael Cole, Vera John—Steiner, Sylvia Scribner, and Ellen Souberman. Cambridge, MA: Harvard University Press.

——. 1986. *Thought and Language*. Ed. and trans. Alex Kozulin. Cambridge, MA: MIT Press.

西南师范大学出版社“名师工程·新教育力译丛”书目

序号	书名	作者	书号	版次	定价
1	让教学成为神圣的艺术	[美]简·E.温纳德著;杨华,刘芸译	978-7-5621-8688-5	2017年4月第1版	30元
2	会问才会学习:引领学生提问的实训策略	[加拿大]卡洛·凯什兰,桑迪·兹万著;戴华鹏,王婷婷,王唯真译	978-7-5621-8694-6	2017年5月第1版	30元
3	三分钟激励法	[加拿大]凯西·帕特松著;戴华鹏,杨茵译	978-7-5621-8695-3	2017年6月第1版	30元
4	极度空间:整合科技、教育学与变革知识	[加拿大]迈克尔·富兰著;于佳琪,黄雪锋译	978-7-5621-7713-5	2018年11月第2版	38元
5	极富空间:新教育学如何实现深度学习	[加拿大]迈克尔·富兰,玛丽亚·兰沃希著,于佳琪,黄雪锋译	978-7-5621-7712-8	2018年5月第2版	45元
6	新教师的101个意外	[美]弗兰岑著;王牧华,全晓洁译	978-7-5621-7841-5	2016年4月第1版	25元
7	爱上教书:教师职场压力管理	[美]布伦达·科尔,德比·赫雷拉著;唐劲松,黄有莉译	978-7-5621-7846-0	2016年6月第1版	30元
8	零距离师生关系	[美]斯特蒂文特著;冯林译	978-7-5621-7747-0	2016年3月第1版	35元
9	围困中的教育:探寻更好的发展路径	[英]彼得·莫蒂默著;王牧华,陈克磊等译	978-7-5621-7670-1	2016年3月第1版	38元
10	过招课堂熊孩子	[美]金·坎贝尔,凯·沃尔著;冯林译	978-7-5621-7745-6	2016年4月第1版	30元

续表

序号	书名	作者	书号	版次	定价
11	学习引领者：学区、学校和教师如何提升学生成绩	[美]理查德·杜富尔，小罗伯特·马尔扎诺著；王牧华，傅芳，万子君译	978-7-5621-7728-9	2016年4月第1版	38元
12	牛教师教阅读	[美]莎伦·H.菲珀著，于泽元译	978-7-5621-7916-0	2016年6月第1版	30元
13	好教师是“养”出来的：校长的管理启示	[美]内拉·A.康纳斯著；杨华，刘芸译	978-7-5621-7746-3	2016年2月第1版	30元
14	参与式教学的五个维度：教师实践指导手册	[英]劳拉·韦弗，马克·威尔丁著；王牧华，陈克磊译	978-7-5621-7918-4	2016年7月第1版	30元
15	拯救校园：台湾基础教育改革现场实录	黄伟雯著	978-7-5621-4966-8	2017年6月第1版	30元
16	课堂对话的艺术：倾听学生的表达与生成性课堂	[加拿大]戴维·布思著；杨茵，戴华鹏译	978-7-5621-9255-8	2018年8月第1版	38元
17	新教师的成功之道	[美]约翰·F.埃勒，希拉·A.埃勒著；刘芸，李映诺译	978-7-5621-8870-4	2017年8月第1版	35元
18	做最棒的老师：课堂成功的秘密	[美]苏西·乌尔夫著；刘芸译	978-75621-9364-7	2019年3月第1版	35元
19	让问题产生价值：教师课题研究指南	[美]茹丝·莎高莉，布伦达·M.鲍威尔著；于泽元，杨晓平译	978-7-5621-9365-4	2019年7月第1版	59元
20	支架式教学：培养学生独立学习能力	[美]特里·汤普森著；王牧华，陈克磊，李柯洁，任巧译	978-7-5621-9377-7	2019年9月第1版	48元